YOUCAT

Firmbuch

YOUCAT

FIRMBUCH

Herausgegeben vom
YOUCAT Team Augsburg

Bernhard Meuser
Nils Baer

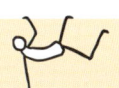

Inhalt

1 MARATHON VS. FIRMUNG
Zum Einstieg

Hi!

Stell dir vor, du wolltest einen Marathon laufen – in Berlin vielleicht, oder sogar in New York. Das geht nicht ohne Training. Mindestens ein halbes Jahr vorher musst du mit Laufen anfangen. Musst das Tempo und die Streckenlänge steigern. Und wenn du ganz gut sein willst, solltest du vielleicht sogar deine Ernährung umstellen, solltest für eine bestimmte Zeit auf diese total leckeren Pommes und unwiderstehlichen Schokoriegel verzichten. Als Lohn deiner Mühen spürst du, wie dein Körper von Woche zu Woche schöner und sportlicher wird. Eines Tages kommt das Rennen. Anderen geht die Puste aus, aber du hast anscheinend unendliche Kraftreserven und bist ganz vorne mit dabei.

→ 300
Warum müssen wir an uns arbeiten?

So ähnlich ist das auch mit dem Firmkurs, zu dem du dich angemeldet hast. Auch hier musst du mindestens ein halbes Jahr vorher anfangen, um richtig auf Touren zu kommen für eine ganz große Sache. Vielleicht sagst du jetzt: 'nen Marathon laufen – das wäre krass! Aber Firmung – die krieg ich sowieso. Wozu mehr Aufwand als nötig? Okay, machen wir den Vergleich:

Marathon und Firmung

Beim **Marathon** ist deine Körperkraft gefragt	Bei der **Firmung** ist wichtig, dass deine Seele, dein **ICH,** bereit ist
Beim **Marathon** schöpfst du eigene Kraftreserven aus	Bei der **Firmung** nimmst du göttliche Power in dich auf (aus der du künftig schöpfen kannst)
Ein **Marathon** steigert dein menschliches Selbstbewusstsein	In der **Firmung** bekräftigt Gott selber deine Identität als sein geliebtes Kind und sein Mitarbeiter

Klar, man kann einen Marathon nicht wirklich mit der Firmung vergleichen. Einen Marathon kann man laufen oder man kann es bleiben lassen. In Wirklichkeit ist es total unwichtig, ob man in Berlin oder New York der erste, der 577ste, oder der letzte geworden ist – ja, ob man sich überhaupt jemals die Marathonschuhe angezogen hat.

→ 34

Was muss man tun, wenn man Gott erkannt hat?

Aber Gott nicht zu suchen, obwohl man weiß, dass es ihn gibt – das ist gaga! Vollkommen daneben! Und darum geht es ja in der Firmung: Du hast die einmalige Chance, Gott zu entdecken, ihm dein Herz zu öffnen und ihn voll an dich heranlassen.

1.2 Voll unter Strom

Kennst du Mutter Teresa? Sie war eine große Heilige, verschenkte ihr Leben an die Ärmsten der Armen und hatte nicht einmal Angst davor, ansteckende, todgeweihte Aussätzige zärtlich zu pflegen. Wenn Sie eine Minute Zeit hatte, etwa in der Eisenbahn oder im Flugzeug, schnappte sie sich irgendeinen Zettel und schrieb in krickeliger Schrift wichtige Sachen über Gott auf, von denen wir jede Menge lernen können.

Einmal nun machte sie diese Notiz (sie schrieb nicht „Firmung" drüber, aber sie meinte genau das):

Oft kannst du Drähte sehen, die die Straße säumen. Bevor nicht Strom durch sie hindurchfließt, gibt es kein Licht. Der Draht, das sind du und ich! Der Strom ist Gott! Wir haben die Macht, den Strom durch uns hindurchfließen zu lassen und so das Licht der Welt zu erzeugen: JESUS – oder uns weigern, gebraucht zu werden und damit der Dunkelheit zu erlauben, sich auszubreiten.

Fünf hammerharte Sätze. All you need to know. Lies sie dreimal! Oder fünfmal! Oder zehnmal! Wenn du sie ganz verstanden hast, kannst du in der gleichen Minute deinen Bischof anrufen: „Bitte firmen Sie mich! Sofort! Ich habe alles kapiert!"
Aber es wäre vielleicht, wie wenn du den Trainer anrufst und sagst: „Ich habe das Geheimnis vom Marathon verstanden. Bitte melden Sie mich sofort in New York an!" Dann wird der Trainer vielleicht lachen und sagen: „Und wie viele Rennen hast du schon gemacht, ... wie viele Kilometer bist du schon gelaufen?" Du müsstest sagen: „Null ..." – du wärst beschämt und vielleicht würdest du sogar den Mut verlieren für den großen Traum. In Wahrheit beginnt nämlich jede große Reise mit dem ersten Schritt. Wenn du professionell Marathon laufen willst, solltest du am Abend deine Laufschuhe aus dem Keller holen und den Wecker für morgen früh stellen. Sonst wird das nie was.

 → 301

Wie wird man klug ?

1.3 Willst du die Power Gottes in dir spüren?

Genauso ist das mit der Firmung. Stehst du schon unter Strom? Bist du in einer intensiven Connection mit Gott? Oder glaubst du, das geht gar nicht? Fühlst du dich im Moment vielleicht wie ein sinnlos in der Landschaft herumhängendes, stromloses Kabel? Sehnst du dich danach, ein Kanal zu sein, durch den die göttliche Liebe fließen kann? Willst du die Power Gottes in dir spüren? Willst du ein großes, starkes Leben führen? Hattest du schon einmal das Gefühl, ganz eng an Gott zu sein, ganz nahe dran, ganz geliebt, beschützt, getragen, geführt? Oder musst du dir der Ehrlichkeit halber sagen: In mir ist eine große Leere; so ganz viel Saft ist auf mir noch nicht drauf!?

 → 290

Wie hilft uns Gott, freie Menschen zu werden?

Okay, man kann eine Weile auch ein religiöser Couchpotatoe sein. Kann öde rumhängen, ewig ablästern, chillen ohne Ende.

→ 287

Besteht „Freiheit"
nicht gerade
darin, sich auch
für das Böse
entscheiden zu
können?

Man kann sich mit dem Laptop über seine innere Leere hinweg-lügen. Man kann sich freiwillig in Sklaverei begeben, kann bis in die Puppen am Monitor kleben, sich üble Filme reinziehen, sich in die Abhängigkeit von Computerspielen begeben, kann süchtig an der Zigarette suckeln oder ein Leben als Wurmfort-satz von Facebook führen.

Aber dafür hat Gott uns nicht gemacht.

→ 1

Wozu sind wir auf
der Erde?

1.4 Gott – dein Coach

Gott will, dass wir kraftvolle, stolze, freie Menschen sind, niemand untertan außer Gott allein, leuchtend von in-nen heraus, liebevoll, warmherzig, aufmerksam, kreative Kämpfer für das Gute und Widerstandskämpfer gegen die Ein-flüsterungen Satans, wache Hüter der bedrohten Schöpfung, verlässliche Freunde der Armen und Verfolgten ... und, und, und.

Dir stockt der Atem?

Wenn du so ein starkes Leben willst, wenn du es für dich willst, wenn du es mit Gottes Hilfe willst, dann kann ich nur sagen:

Was für ein Trainingsprogramm! Du bist reif für den Weg der Firmung. Aber du musst wissen: Marathon ist dagegen Kinderkäse.

Dieses Buch möchte dich coachen und dich bis zum großen Tag deiner Firmung begleiten. Du findest darin viele Tipps für ein aufregendes Leben mit Gott, vor allem aber findest du Hinweise auf zwei Bücher, mit denen ihr euch während eures Firmkurses dauernd beschäftigen werdet: die **BIBEL** und der **YOUCAT**.

 → 203

Was ist die
Firmung?

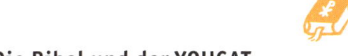

1.5 Die Bibel und der YOUCAT

Die Bibel ist dabei das ungleich wichtigere Buch, denn sie ist „Gottes Wort". Zwar ist auch die Bibel von Menschen geschrieben worden, aber diese Menschen waren voll vom Heiligen Geist. „Die Heilige Schrift nicht kennen, heißt Christus nicht kennen", sagt der hl. Hieronymus; und der hl. Franziskus von Assisi fügt hinzu: „Die Heilige Schrift lesen, heißt von Christus Rat holen".

Der YOUCAT ist der Jugendkatechismus der katholischen Kirche – im Grunde so was wie eine knackige Bedienungsanleitung für den Glauben. Lies einmal das spannende Vorwort zu diesem Buch von Papst Benedikt XVI., in dem er Jugendliche wie dich direkt anspricht! Papst Benedikt sagt da:

> Ihr müsst euren Glauben so präzise kennen wie ein IT-Spezialist das Betriebssystem eines Computers. Ihr müsst ihn verstehen wie ein guter Musiker sein Stück.

Das Tolle am YOUCAT: Dieser Jugendkatechismus ist zusammen mit etwa 50 jungen Leuten zwischen 15 und 25 Jahren entstanden. Die Jugendlichen konnten eigene Fragen einbringen. Sie steuerten auch ihre besten eigenen Fotos bei und wünschten sich Cartoons in dem Buch. Die Jugendlichen waren es auch, von denen die lustige Idee mit dem Daumenkino im Buch kam. Probier es mal aus! Oder lies schonmal nach, was die Firmung mit einem Fußballmatch und Glauben mit Fallschirmspringen zu tun hat.

 → 21

Glaube –
was ist das?

1.6 **Four Steps – der Trainingsplan**

So, und nun das Trainingsprogramm! Es ist anspruchsvoll, aber große Sachen gibt es nicht für lau. Halte dich einfach an die „Four Steps", die dich beim Training für ein Leben mit Gott gewaltig nach vorne bringen:

1 Am Kurs dranbleiben

Keine einzige Firmstunde versäumen! Du würdest auch keine Trainerstunde verpassen, wenn du den New York Marathon laufen wolltest.

→ 219

Wie häufig muss ein katholischer Christ an der Eucharistiefeier teilnehmen?

2 Die Nähe Gottes suchen

Jeden Sonntag die heilige Messe besuchen! Ohne Ausnahme. Immer. Ob es regnet oder schneit. Ob am Vorabend Party war oder ob am Vormittag Brunch angesagt ist. Die heilige Messe ist ein Date mit Gott. Das schlägt man nicht aus.

→ 499

Wann soll man beten?

3 Ins Gespräch mit Gott kommen

Die Bettkanten-Regel. Sie lautet: Morgens nicht über die Bettkante ohne Morgengebet; abends nicht über die Bettkante ohne Nachtgebet. Niemand

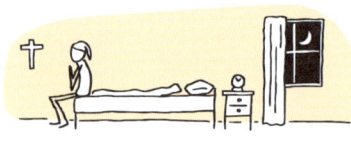

kann eine Beziehung zu Gott aufbauen, wenn er nicht mit ihm spricht – nichts anderes ist Beten. Wichtig ist vor allem das **VATERUNSER**, aber auch das **GEGRÜSSET SEIST DU, MARIA.** Schau in der Bibel einmal nach den Psalmen – es sind die schönsten Gebete der Menschheit. Nimm dir Zeit auch für freies Gebet: alles, was du auf dem Herzen hast.

4 Auf Gottes Botschaft hören

Sieh zu, wie du an eine Bibel kommst! Lass dir vielleicht eine schöne Ausgabe schenken. Die Bibel ist wie ein etwas längerer Brief Gottes an dich. Versuch immer wieder einmal darin zu lesen, vielleicht in den Ferien. Fang am besten im Neuen Testament an, bei den Evangelien. Versuche zu verstehen, wie Gott dich durch sein Wort anspricht.

Uff, genug für den Anfang. Und nun viel Freude beim YOUCAT-Firmkurs!

Für das YOUCAT-Team

Nils Baer und Bernhard Meuser

 → YOUCAT    → Bibel

In der Randspalte findest du immer wieder Fragen aus dem YOUCAT. Nimm ihn zur Hand und schlage ihn nach, wenn dir etwas unklar ist. Du findest auch wichtige Bibelverse, die du in der Bibel nachschlagen kannst. Es ist meistens echt wichtig, mal zu schauen, was vorher oder nachher kommt.

ES GIBT IHN, ES GIBT IHN NICHT …

2 Was wir über Gott wissen können

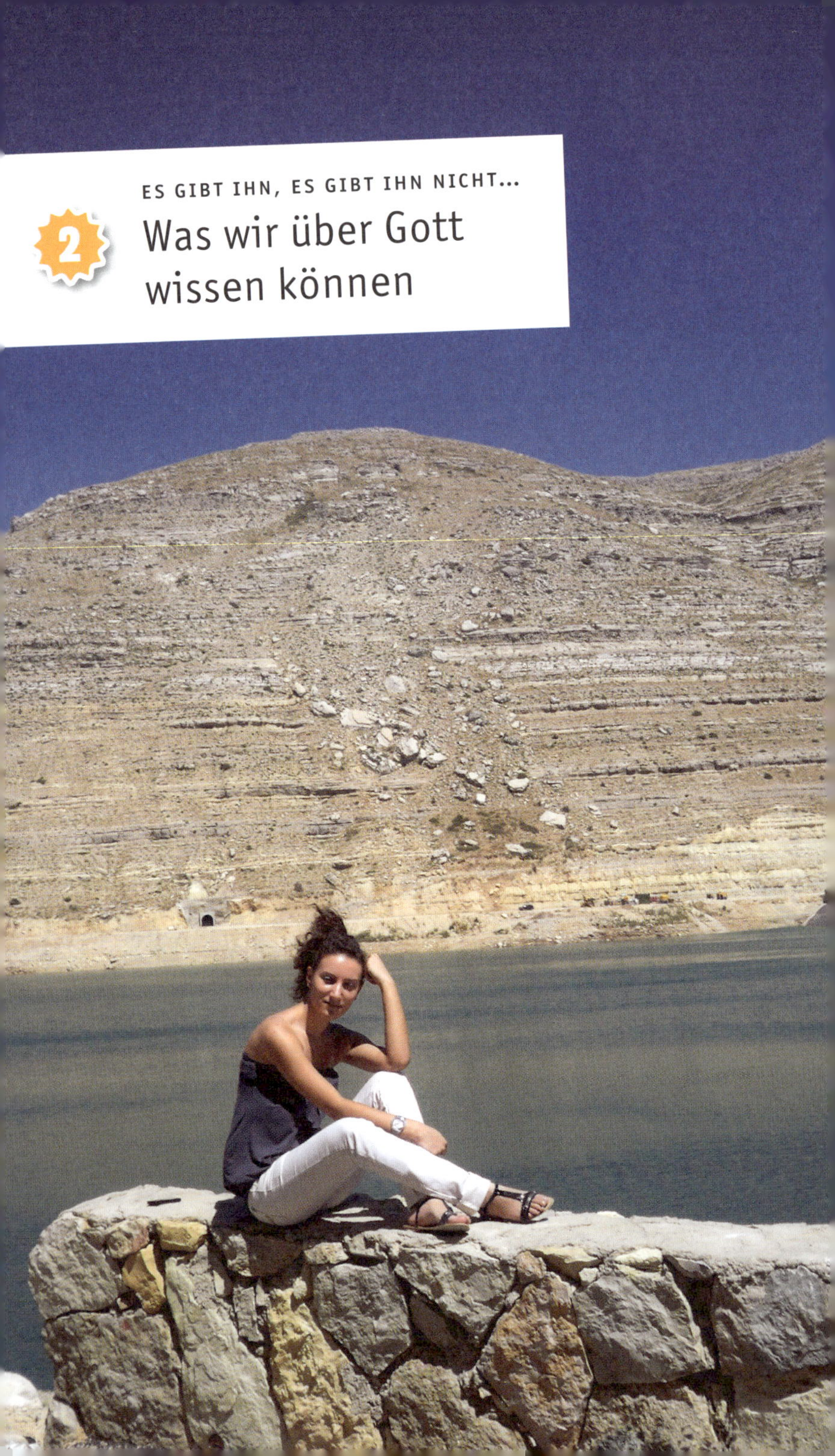

2.1 Warum manche Leute von Gott nichts wissen wollen

Bestimmt haben dir Leute schon mal gesagt:

GOTT gibt's gar nicht! Gott ist bloß eine Erfindung.

Manche Menschen haben ein merkwürdiges Interesse daran, dass es Gott nicht gibt. Warum sind sie so aggressiv gegen Gott und wollen, dass alles, was an ihn erinnert, aus der Welt verschwindet? Es könnte ihnen doch total egal sein. Vielleicht wollen sie Gott nicht, weil sie ihr Leben dann total umstellen müssten. Wenn es Gott gibt, wenn Gott absolut gut ist und

→ 357

Ist Atheismus immer eine Sünde gegen Gott?

nichts als das Gute will, dann ist es eben absolut unmöglich zu lügen, die Ehe zu brechen, Drogen zu nehmen, andere zu betrügen und sich selbst für den Mittelpunkt der Welt zu halten.

Eine Menge Leute sind einfach deshalb Atheisten, weil sie es für cooler halten, selbst eine Art „Gott" zu sein und selbst zu definieren, was gut und böse ist. Wer sein EGO in den Mittelpunkt der Welt stellt, ist ein Egoist.

→ 5

Warum leugnen die Menschen Gott, wenn sie ihn doch mit ihrer Vernunft erkennen können?

Egoisten, das hat jeder schon mal erlebt, sind ziemlich unsympathische Leute. Egoisten sind logischerweise Atheisten – denn es ist ja klar, dass in ihr Weltbild kein Wesen passt, das größer, schöner, klüger, heiliger und verehrungswürdiger ist als sie selbst.

Sie sollten Gott suchen, ob sie ihn ertasten und finden könnten; denn keinem von uns ist er fern. Denn in ihm leben wir, bewegen wir uns und sind wir.

Apg 17,27–28

2.2 Und wenn ich Gott nicht finden kann?

Aber nun gibt es auch Leute, die keine Egoisten sind und trotzdem nicht an Gott glauben. Sie sagen häufig: Ich kann Gott nicht finden, ich entdecke ihn nirgends. Ihnen hilft es, einmal gründlich nachzudenken. Es geht um Logik. Dazu müssen wir unsere grauen Hirnzellen einschalten – und zwar auf 100 % (die folgende Seite ist also nur was für Leute, die echt denken können):

→ 41

Macht die Naturwissenschaft den Schöpfer überflüssig?

→ 42

Kann man von der Evolution überzeugt sein und doch an den Schöpfer glauben?

1. Alles, was existiert, hat eine Ursache, einen Grund. Mich gibt es, weil meine Eltern mich gezeugt haben. Die Felsklippen an der kroatischen Küste gibt es, weil es in Millionen von Jahren zu Erdkrustenbewegungen kam und Felsen über die Wasseroberfläche geschoben wurden. Wenn es etwas gibt, dann muss es immer auch etwas geben, das es hervorgebracht hat.

2. Auch das Universum (= die Gesamtheit der in Raum und Zeit gegebenen Dinge und Wesen) existiert.

3. Darum muss es notwendigerweise etwas geben, das die Ursache/der Grund für die Existenz des Universums ist. Es wäre ja total unlogisch, wenn die Maus, das Meer und die Sterne einen Grund für ihr Dasein hätten, nicht aber das Universum. Auch das Universum als Ganzes kann nicht „grundlos" da sein.

4. Der Grund für das Universum als Ganzes muss aber größer und vor allem ganz anders sein als alles, was es innerhalb des Universums gibt. Das, was „Raum und Zeit" hervorgebracht hat, kann nicht selbst Teil von „Raum und Zeit" sein.

5. Dieses „Etwas", das größer ist als alles in der Welt, das es aber notwendig geben muss, weil sonst das Universum grundlos da wäre, nennen wir **GOTT.**

2.3 Das Wunder des kleinen Sandkorns

TEST IT: Versuch dir einfach einmal das „Nichts" vorzustellen – also das reine Garnichts, auch nicht eine Form von Dunkelheit oder eine große Leere – nein, wirklich überhaupt nichts. Nichts, nichts, nichts! Nicht einmal das Denken. Einfach nur nichts.

Wetten, dass du es nicht schaffst! Der Philosoph Leibniz hat einmal gesagt, es gebe nur eine große Frage in der Welt:

Warum gibt es überhaupt etwas und nicht vielmehr nichts?

🔥 Tatsächlich ist das, was wir uns eigentlich überhaupt nicht vorstellen können – das Nichts – das eigentlich selbstverständliche. Normal wäre: Es gibt einfach nichts. Basta!

🔥 Aber nun gibt es ja etwas. Das wissen wir mit hundertprozentiger Sicherheit. Und gäbe es nur ein einziges kleines Sandkörnchen und sonst nichts – schon das wäre ein unglaubliches Wunder. Das Mini-Sandkörnchen allein würde das „Nichts" vernichten.

🔥 Jemand muss da sein, der sein großes „Ja" zu allem, was ist, gesprochen hat, der wollte, dass es „etwas" gibt „und nicht vielmehr nichts".

🔥 Wir Christen nennen diesen „Jemand", der das Universum aus dem Nichts geschaffen hat, Gott.

🔥 Und wir sagen: Gott ist der **SCHÖPFER** der Welt.

→ 43

Ist die Welt ein Produkt des Zufalls?

→ 2

Warum schuf uns Gott?

 → 44

Wer hat die Welt
erschaffen?

Den Schöpfer dürfen wir uns aber nicht als jemand vorstellen, der am Anfang aller Dinge mal mit dem Finger schnipste und sich dann zur Ruhe legte. Gott hat nicht nur am Anfang sein großes „Ja" zur Welt gesprochen. Er tut es in jeder Millisekunde. Immerfort, bis ans Ende der Welt, sagt er sein großes Ja-Welt-ICH-will-dass-es-dich-gibt.

> **Wir sind nicht das zufällige und sinnlose Produkt der Evolution. Jeder von uns ist Frucht eines Gedankens Gottes. Jeder ist gewollt, jeder ist geliebt, jeder ist gebraucht.**
>
> BENEDIKT XVI.

Ohne das „Ja" Gottes, das Gott in dieser Sekunde, in der du das liest, zur Welt spricht, würde das Universum mit allen Milchstraßen und Sonnensystemen von jetzt auf gleich ins Nichts versinken – als würde jemand den Projektor ausschalten, und der Film wäre zu Ende.

2.4 Das Ende der kleinen, grauen Gehirnzellen

Wie kann man eigentlich überhaupt etwas über Gott in Erfahrung bringen?

Um zu wissen, *dass* es Gott gibt, dafür genügen die kleinen grauen Gehirnzellen. Dass Gott existieren muss, dazu braucht man nicht viel mehr als einen logischen Verstand. Die Vorstellung einer Welt, in der alles einen Grund hat, nur die Welt selbst nicht, erscheint jedem vernünftigen Menschen als Quatsch.

Aber wir würden doch gerne mehr wissen über dieses geheimnisvolle Wesen, ohne das **ALLES NICHTS** wäre.

Wer ist denn dieser Gott? Wie steht er zu dem, was er geschaffen hat? Wie ist Gott in sich? Ist Gott vielleicht kalt und grausam? Ist er ohne Gefühl, wie eine Maschine? Oder ist er vielleicht voller Liebe?

Auf diese Fragen haben Menschen aus sich heraus keine Antwort. Auch nicht die größten Philosophen und Denker. Nicht Aristoteles, nicht Platon, nicht Kant, nicht Hegel. Und wer so tut, als wüsste er, wie es in Gott aussieht, ist entweder ein Spinner oder ein Betrüger.

Wie? Haben wir Menschen *keine Chance* zu erfahren, ob der letzte Grund der Welt gut oder böse ist? Ob wir Vertrauen in den Schöpfer der Welt haben dürfen, weil er voller Liebe ist? Oder ob wir in die Welt geworfen wurden von einem grausamen Tyrannen, der mit uns spielt, um uns heute oder morgen zu vernichten?

Doch, eine solche Möglichkeit gibt es. Gott könnte sich entschließen, uns etwas mitzuteilen. Wir nennen das **OFFENBARUNG.** Wie könnte er es machen? Vielleicht so:

- Er könnte eine gewaltige Flammenschrift an den Horizont zaubern: „Mich gibt es. Ich bin übrigens nett. Gott."
- Er könnte mit Donnerstimme göttliche Infos über sich über die Welt hallen lassen: „Heute habe ich beschlossen, dass ... Die nächsten News von mir gibt es am Mittwoch. Gott."

 → 4

Können wir die Existenz Gottes mit unserer Vernunft erkennen?

 → 7

Warum musste Gott sich zeigen, damit wir wissen, wie er ist?

> 99 Es hat Gott in seiner Güte und Weisheit gefallen, sich selbst zu offenbaren und das Geheimnis seines Willens bekannt zu machen, dass die Menschen durch Christus, das fleischgewordene Wort, im Heiligen Geist Zugang zum Vater haben und der göttlichen Natur teilhaftig werden.

Zweites Vatikanisches Konzil

Viele Male und auf vielerlei Weise hat Gott einst zu den Vätern gesprochen durch die Propheten; in dieser Endzeit aber hat er zu uns gesprochen durch den Sohn, den er zum Erben des Alls eingesetzt und durch den er auch die Welt erschaffen hat.

Hebr 1,1-2

Denk einmal nach über das Wort **OFFENBARUNG!** Es ist, wie wenn du dich verliebst. Du weißt nichts über den Jungen oder das Mädchen deiner Träume, bis es Klick macht und einer von euch beiden dem anderen sagt: „Weißt du eigentlich, dass ich total in dich verliebt bin!?" Du kannst den anderen beobachtet und ausgeforscht haben – du kannst sogar Bücher über Mann und Frau und das Wesen der Liebe gelesen haben: Du weißt nichts! Entscheidend ist der Moment, in dem der andere sich dir **OFFENBART.** Er muss sein Herz öffnen und dir das Erstaunliche sagen: „Ich habe mich die ganze Zeit nach nichts anderem als nach deiner Liebe gesehnt!"

Tatsächlich hat sich Gott der Menschheit auf verschiedene Weise offenbart (also gezeigt) – mal gewaltig groß (in Naturereignissen, im Schicksal ganzer Völker), mal ganz leise, indem Gott das Herz eines Menschen berührt. Das Wunder ist: Gott will wirklich mit dir und mir sprechen, als wären wir die einzigen Menschen auf der Welt – und die Allerwichtigsten.

 → 20

Wie können wir Gott antworten, wenn er uns anspricht?

Wenn wir das verstanden haben und auf Gottes Stimme hören,

nennen wir das <u>Glauben.</u>

Gott zeigt sich mir. Ich höre Gottes Stimme –
und antworte darauf:

 → 21

Glaube – was ist das?

„Da bist du ja, mein Herr und mein Gott. Ich danke dir, dass du mich siehst und in mir sprichst. Ich **GLAUBE** dir. Führe und leite mich. Segne mein Leben und das Leben aller Menschen."

 → 22

Glauben – wie geht das?

Wenn jemand den sich zeigenden Gott erkennt, ihm glaubt und in seinem Herzen Fühlung mit ihm aufnimmt, nennen wir das **GEBET.**

 Ein Gott, der sich zeigt, und ein Buch wie kein anderes

Gott muss sich zeigen (= offenbaren), damit wir mehr von ihm verstehen. Und das tut ER. Der ewige allmächtige Gott, der unfassbar für uns Menschen ist, trat (und tritt) tatsächlich aus seinem Schweigen hervor. ER zeigt sich. Gott legt sogar seine innersten Gedanken offen. Er lässt uns in sein Herz blicken, wenn man bei Gott von „Herz" sprechen kann. Das geschieht in deinem Leben, aber auch im Leben aller Menschen, die im Gebet auf Gottes Stimme hören und die in ihrer Lebensgeschichte nach den Spuren Gottes suchten und suchen. Dabei fangen wir nicht bei Null an.

Die **BIBEL** ist das Buch, in dem man nachlesen kann, wie Gott sich in der Geschichte des Volkes Israel zuerst zeigte, wie er sich uns Menschen Stück um Stück offenbarte, bis er in Jesus das Tiefste über sich zum Ausdruck brachte – wie groß nämlich seine göttliche Liebe ist.

 → **8**

Wie offenbart sich Gott im Alten Testament?

 → **9**

Was zeigt Gott von sich, wenn er seinen Sohn zu uns schickt?

Lange hatten die Menschen nur unklare Vorstellungen über Gott oder die Götter. Ganze Völker hielten Gott für ein Wesen, dem man sogar Menschenopfer darbringen musste, um es gnädig zu stimmen. Erst im Leben des Volkes Israel wird klar, dass Gott kein vielköpfiges Ungeheuer ist, vor dem man permanent Angst haben muss. Dass es nur einen Gott gibt, dass er gut ist und treu zu denen, die auf ihn vertrauen, das zeigte sich im Leben von vielen einzelnen Menschen: Müttern, Vätern, Kindern, Prophetinnen und Propheten, Königen und Heiligen. Abraham entdeckte Gott unter dem Sternenhimmel; Mose erfuhr ihn im brennenden Dornbusch. Du kennst die Geschichten.

 → **Gen 19, Ex 3**

Alle diese Erfahrungen mit Gott wurden aufgeschrieben – in einem unglaublich bunten und reichen Buch. Papst Benedikt XVI. hat die **BIBEL** einmal mit einem Garten verglichen. Einem lichten, wunderschönen Garten, in dem die tiefsten Erkenntnisse über Gott wie schöne Blumen zu finden sind. Wenn wir die **BIBEL** lesen und dabei mit Gott in Verbindung sind, dann „wandern wir", so sagt der Papst, „gleichsam im Garten des Heiligen Geistes, dann reden wir mit ihm, redet er mit uns".

 → **16**

Wie liest man die Bibel richtig?

ARME ERDE, BIST DU KRANK...

3 Warum die Welt einen Knacks hat

Alle hätten gerne, dass die Welt ein Paradies wäre. Aber so sehr es Politiker, Philosophen und Erzieher auch versuchen – es will einfach nicht gelingen, dass Menschen menschlich handeln, dass der Hunger beendet und Krankheiten, ja der Tod abgeschafft wird.

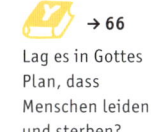

→ 66
Lag es in Gottes Plan, dass Menschen leiden und sterben?

3.1 Das Paradies in der Südsee

Der Philosoph Jean-Jacques Rousseau hielt den Menschen für ein von Natur aus gutes Wesen, das erst durch die Zivilisation und durch das Christentum verdorben worden sei. Irgendwo im wilden Amerika oder vielleicht in der Südsee müsse es „edle Wilde" geben, die wie im Paradies lebten, weil man ihnen die Sünde nicht aufgeschwätzt habe.

Wie stellte sich Rousseau das vor?
- Die „edlen Wilden" leben in schönster Harmonie mit der Natur
- Sie brauchen kein Geld
- Sie sind sanft und unschuldig
- Sie können nicht anders, als sich zu lieben
- Sie wissen nicht, was Sünde und Verbrechen ist
- Die Lüge ist bei ihnen unbekannt
- Sie brauchen niemand, der sie beherrscht oder richtet
- Sie sind knackegesund
- Sie sind nackig und sexuell freizügig

Über 100 Jahre nach Rousseau hatte Paul Gauguin ebenfalls diesen Südsee-Traum: „Endlich frei, ohne Sorgen um das Geld, würde ich alsdann lieben, singen und sterben", schrieb Gauguin 1890 in einem Brief an seine Frau Mette. Der Maler begab sich tatsächlich in die Südsee und schwärmte von dort seinen Pariser Freunden vor: Im „Dschungel im Inneren der Insel", habe er wahrhaftig die unschuldigen, „edlen Wilden" entdeckt. Geld und Sorgen kenne man dort nicht. ihr Leben bestehe nur aus Gesang, Tanz und freier Liebe.

99 Das Glück ist nicht in uns, und das Glück ist auch nicht außerhalb von uns. Das Glück ist nur in Gott. Und wenn wir ihn gefunden haben, dann ist es überall.

BLAISE PASCAL

99 Den
Menschen macht
nur der selig, der
den Menschen
geschaffen hat.
AUGUSTINUS

Die Wahrheit sah vollkommen anders aus. Gauguin war tief enttäuscht. Die Bananen wuchsen ihm nicht in den Mund. Fischen und Jagen konnte er nicht; so lebte er von teuren Importkonserven. Auch die „edlen Wilden" litten unter zahlreichen Krankheiten, führten einen harten Existenzkampf und hatten eine strenge Moral. Die schönen nackten Mädchen, die der syphiliskranke Gauguin malen wollte, verweigerte man ihm. Gauguin musste sich mit dem Freudenmädchen Titi begnügen. Gegen Geld – versteht sich.

Fazit:

● Weder Jean-Jacques Rousseau,

● noch Paul Gauguin,

● noch sonst jemand ...

... hat den „von Natur aus guten Menschen" je gefunden. Rousseau selbst war keine Ausnahme. Der Philosoph, der sich selbst als großen Erzieher der Menschheit ansah, hat selbst nie ein Kind erzogen. Er hatte zwar fünf Kinder, die er aber allesamt nach der Geburt im Findelkinderheim abgab.

3.2 „Ich tue nicht das Gute, das ich will, sondern das Böse, das ich nicht will"

99 Den Garten
des Paradieses
betritt man nicht
mit den Füßen,
sondern nur mit
dem Herzen.
BERNHARD VON
CLAIRVAUX

Nun ist es wirklich leicht, über Rousseau oder Gauguin herzuziehen, die auf ihre Weise auch große Leute waren. Wir sollten uns besser an die eigene Brust schlagen und nach dem Webfehler im eigenen Leben forschen. Jeder von uns hat einen Knacks weg. Die einen merken es früher, die anderen später. Oft schimpfen wir über uns selber:

„Shit! Ich wollte es so gut machen. Aber dann habe ich genau das Gegenteil davon getan. Ich Idiot!"

→ **Röm 7,15–25**

Stell dir vor: Selbst der hl. Paulus machte diese Erfahrung. Lies den Text genau – er ist der Hammer!

3.3 Hört denn das nie auf?

Wenn es um diese Erfahrungen geht, spricht der Glaube von der „Erbsünde", besser würde es heißen „Ursprungssünde" – und von ihren Folgen:

→ 69

Sind wir durch die Erbsünde gezwungen zu sündigen?

- 🔥 Wir wollen alle das Gute.
- 🔥 Aber irgendwie haben wir eine Faust im Nacken.
- 🔥 Es ist, als würde uns jemand diktieren, das genaue Gegenteil davon zu tun.
- 🔥 Immer wieder. Immer, immer wieder.
- 🔥 Da hilft keine Erziehung, kein gutes Zureden, keine Psychologie.

Die Welt hat einen Knacks. Wir leben nicht mehr im Paradies.

Die Bibel spricht auch vom Paradies – vom verlorenen Paradies, und von dem Paradies, in das uns Gott wieder heimführen möchte: den Himmel. Die Bibel erläutert die Erbsünde (und damit den Abschied vom Paradies) mit der Geschichte vom Sündenfall Adams und Evas.

→ Gen 2,7–17, Gen 3

 **→ 68** *Erbsünde? Was haben wir mit dem Sündenfall von Adam und Eva zu tun?*

Sünde im eigentlichen Sinn ist eine persönlich zu verantwortende Schuld. Das Wort „Erbsünde" meint daher nicht eine persönliche Sünde, sondern den unheilvollen Zustand der Menschheit, in den der Einzelne hineingeboren wird, noch bevor er aus freier Entscheidung selbst sündigt. Beim Sündenfall, sagt Benedikt XVI., muss man verstehen, ...

... dass wir alle einen Tropfen des Giftes von jener Denkweise in uns tragen, wie sie in den Bildern aus dem Buch Genesis veranschaulicht wird ... Der Mensch vertraut nicht auf Gott. Von den Worten der Schlange verführt, hegt er den Verdacht, dass ... Gott ein Konkurrent sei, der unsere Freiheit einschränke, und dass wir erst dann im Vollsinn Menschen sein würden, wenn wir Gott zurückgesetzt haben ... Der Mensch will seine Existenz und die Fülle seines Lebens nicht von Gott empfangen ... Und indem er das tut, vertraut er der Lüge statt der Wahrheit und stürzt so mit seinem Leben ins Leere, in den Tod. BENEDIKT XVI.

3.4 Ein Ingenieur erklärt die Erbsünde

Kardinal Schönborn von Wien hat einmal in einer Katechese davon berichtet, dass ihm ein Ingenieur einmal so richtig klargemacht hat, worum es bei der Erbsünde oder Ursünde geht. Der Kardinal sagt:

→ 70
Wie entzieht uns Gott dem Sog des Bösen?

„Ein Ingenieur (er ist ein guter Ingenieur) hat mir einmal die schönste Definition der Erbsünde gegeben, die ich bisher gehört habe, oder sagen wir eine ganz ansprechende, einfache. Aus seiner Erfahrung als Techniker weiß er, dass man für jedes Gerät eine Gebrauchsanweisung braucht. Wenn ich die Gebrauchsanweisung nicht befolge, darf ich nicht den Konstrukteur beschuldigen, dass das Gerät nicht funktioniert. Dieser Ingenieur hat gesagt, die Erbsünde, oder sagen wir genauer:

die Ursünde unserer Stammeltern war die Ablehnung der Gebrauchsanweisung. Gott hat uns eine menschliche Natur gegeben, wir sind Geschöpfe, und in unserer geschöpflichen Natur liegt, gewissermaßen eingeschrieben, die rechte Gebrauchsanweisung, Gott hat sie uns mitgegeben. Wenn wir uns nun anders gebrauchen, dann dürfen wir Gott nicht anklagen, dass es nicht funktioniert. Die Ursünde ist die Ablehnung der Geschöpflichkeit, Seinwollen wie Gott, aber ohne Gott, es nicht von Gott empfangen wollen, sondern es selber machen wollen. ‚Ihr werdet sein wie Gott.'"

 Der Schlüssel zum Paradies
Wo, bitte, geht's zum Paradies?

> 99 Wir haben das Paradies verloren, aber den Himmel empfangen, darum ist der Gewinn größer als der Verlust.
>
> JOHANNES CHRYSOSTOMUS

Nicht über Rousseau, der sich eins erdachte,
nicht über Gauguin, der sich eins malte.

Sondern über Jesus, der das verschlossene Paradies wieder öffnete, indem er die Connection zu Gott wieder herstellte.

Und es begann damit, dass er so lebte, als hätte es den „Knacks" nie gegeben ...

DER SOHN DES HÖCHSTEN

4

Jesus – mehr als nur ein Mensch

Von dem russischen Zaren Peter dem Großen (1672–1725) gibt es eine wahre Geschichte. Als junger Mann war Peter außerordentlich wissbegierig. Er wollte alles Mögliche lernen, um dann, wenn er eines Tages die Zarenkrone trug, sein zurückgebliebenes Land zu modernisieren.

„In Russland könnten wir genauso geniale Schiffe bauen, wie es die Holländer tun!", sagte er sich. Tatsächlich waren die Holländer zu dieser Zeit die besten Schiffskonstrukteure der Welt. Also schlich sich der künftige Zar unter fremdem Namen in eine holländische Werft ein und lernte das Handwerk eines Schiffszimmermanns. Als Peter später Zar wurde, brachte er auch die Russen dazu, in kurzer Zeit großartige Segelschiffe zu bauen ...

 ### Eine tolle Filmidee
Dass Gott Mensch geworden ist, ist eine noch viel unglaublichere Geschichte, als dass der Zar mal für ein paar Jahre den Zimmermann gespielt hat. Gott wird ein Mensch – das klingt wie ein Märchen oder wie eine lustige Filmidee.

In Hollywood hätte man ein Fantasy-Drehbuch verfassen können:
„Gott" im Himmel ist es langweilig, also kommt er auf den verrückten Gedanken, sich mal als Mensch zu verkleiden. Er kommt auf die Erde, stellt sich aber ziemlich dämlich an, denn „Gott" hat ja keine Ahnung, wie das hier unten läuft. Er kommt in die blödesten Situationen; aber glücklicherweise hat „Gott" ja allerhand Zaubertricks und Wunder drauf, mit denen er sich aus den schlimmsten Situationen wieder herausbeamen kann. Kritisch wird's bloß, als er ein wunderbares Mädchen kennenlernt, sich unsterblich verliebt und gar nicht mehr in den Himmel zurück will ...

Wir hätten gelacht, die Cola ausgetrunken, den Popcornbecher entsorgt und den Film nach drei Tagen vergessen.

→ 72
Was bedeutet der Name „Jesus"?

 → 73
Warum trägt Jesus den Beinamen „Christus"?

4.2 Besser als jeder Film: die Gedanken Gottes

Was hat Gott wirklich getan mit seiner armen, kaputten, durch die Sünde verletzten Schöpfung? Sagen wir zuerst, was er nicht getan hat:

- 🔥 Er hat uns nicht einfach im Orbit vergessen.
- 🔥 Er hat nicht aufgehört mit seiner Liebe und hat seine Treue zu uns nicht beendet.
- 🔥 Er hat kein großes Strafgericht geschickt über eine Welt, in der Hass, Neid und Gier herrschen, in der Menschen einander quälen, sich verhungern lassen, sich gegenseitig um ihre Chancen und ihren gerechten Lohn bringen – eine Welt, in der die Kinder nicht besser als ihre Eltern sind.
- 🔥 Er hat uns nicht die „Todesstrafe" für unsere Sünden geschickt

Was hat Gott stattdessen getan?

- 🔥 Er hat unsere Leiden gesehen und unsere Tränen, weil wir sterben müssen.
- 🔥 Gott entschloss sich, alles mit uns zu teilen, außer der Sünde.
- 🔥 Gott hat in Jesus von Nazareth unsere menschliche Natur angenommen. Er war der Sohn des jüdischen Mädchens Maria und wurde um 7 v. Chr. in Bethlehem geboren.

4.3 Gott – ein Baby?

Kann man sich das vorstellen: GOTT – und Kindergeschrei, ein Baby, das an den Brüsten seiner Mutter gesäugt wird und die Windeln vollmacht? Ein Kind, das durch die Straßen tollt, sich die Knie blutig schlägt und heulend zu seiner Mutter kommt? Ein junger Mann, der stolz ist auf seine wachsenden Kräfte und Erkenntnisse, der seine Freuden und Sorgen mit Freunden und Freundinnen teilt, der sexuelle Versuchungen erlebt und ... der immer tiefer entdeckt, dass er trotz allem nicht von dieser Welt ist, weil er in tiefer und einzigartiger

So wahr ich lebe – Spruch Gottes, des Herrn –, ich habe kein Gefallen am Tod des Schuldigen, sondern daran, dass er auf seinem Weg umkehrt und am Leben bleibt.

Ez 33,11

→ **76**

Warum wurde Gott in Jesus Mensch?

→ **Joh 3,16**

→ **79**

Hatte Jesus eine Seele, einen Geist und einen Leib wie wir auch?

Weise mit seinem Vater im Himmel verbunden ist. Kann man sich das vorstellen?

Wenn du damit Schwierigkeiten hast, bist du nicht allein. Die Christen der ersten Jahrhunderte hatten Jesus zum Teil noch als Augenzeugen erlebt.

🔥 Sie sahen einen wirklichen Menschen, mit dem man lachen, weinen, essen, trinken, singen, Spaß haben konnte.

🔥 Aber sie sahen auch einen Jesus, der Wunder wirkte und sogar Tote zum Leben erwecken konnte. Sie spürten, dass in seinen Worten eine übermenschliche Kraft war – und vor allem sahen sie, dass der Tod keine Macht über ihn hatte. Unter Pontius Pilatus war Jesus etwa um das Jahr 30 n.Chr. grausam am Kreuz hingerichtet worden, man hatte eindeutig seinen Tod festgestellt. Aber drei Tage später haben ihn bis *„mehr als 500 Brüder zugleich"* (1 Kor 15,16) lebend gesehen.

Du kannst dir vorstellen, was das für eine Diskussion in der jungen Kirche war, bis man sich auf dem Konzil von Chalkedon im Jahr 451 (das ist heute ein Stadtteil von Istanbul) auf die Formel „Wahrer Gott und wahrer Mensch zugleich" einigte.

 → 77

Was bedeutet es, dass Jesus Christus wahrer Gott und wahrer Mensch zugleich ist?

4.4 **So menschlich und so göttlich:**
die Lazarusgeschichte

Viele Menschen, die in Jesus vor allem Gott sahen, haben Anstoß daran genommen, dass Jesus offenkundig einen echten Freund gehabt hat, den Lazarus. Wäre er Gott, so sagten sie, dann könnte er doch keinen „Freund" gehabt haben! Hatte er aber. Wir erfahren aus der Bibel nicht, wie die beiden ihre Freundschaft gelebt haben. Ganz sicher waren sie oft zusammen; sie freuten sich, wenn sie einander sahen, sie brauchten Zeit füreinander, vielleicht bei Wanderungen oder dass sie am Ufer des Sees Gennesaret beieinander saßen und sich im Gespräch austauchten. Nun berichtet das Johannesevangelium davon, dass Jesus einmal scheinbar definitiv zu spät gekommen war, um seinen Freund zu sehen.

→ Joh 11,1–46

Frage dich: Was ist so göttlich und menschlich an Jesus?

 4.5 **Kein Leid, das Gott nicht kennt**

Stell dir einmal vor, es kommt jemand und sagt:

„Geh mir fort mit deinem Gott! Ich brauche keinen Gott, der im Himmel sitzt und dem es gut geht. Ich habe Dinge erfahren, die kein Gott kennt! In den Höllen, in denen ich war, da war kein Gott".

Und er sagt dir vielleicht:

„Ich habe diese und jene Krankheit erlebt ... Ich war in Todesge-
fahr ... Man hat mich ausgegrenzt und gemobbt! ... Ich bin verraten worden von meinen Freunden! ... Man hat mich zu Unrecht
verurteilt ... Man hat mich gefoltert und gequält ...“

→ Hebr 4,14–16

Was kannst du dann sagen? Vielleicht dies:

 → 60

„Ich weiß nicht, welchen Gott du meinst! Mein Gott war krank
und in Todesangst; man hat über ihn gelästert und hat ihn verfolgt; er ist von seinen besten Freunden verraten worden; man
hat ihn zu Unrecht verurteilt, ihn zu Tode gefoltert. Er war dort,
wo noch kein Gott war: im Reich des Todes. Nimm meinen Gott,
wenn dir dein Gott nicht genügt.“

Warum ist Jesus
das größte Vorbild
der Welt?

5 Warum musste Jesus sterben?

An Jesus schieden sich die Geister: Wirkte er in göttlicher Vollmacht oder war er ein Hochstapler, ein falscher Prophet, ein Gotteslästerer und Gesetzesbrecher? Wer ihn hasste, sah nur, dass er sich an die Stelle Gottes setzte: Sünden vergeben, das Sabbatgebot relativieren – das sind todeswürdige Verbrechen.

 → 96

Wieso verurteilte man einen Mann des Friedens wie Jesus zum Tod am Kreuz?

Das ist die äußere Geschichte. Aber warum ...

- 🔥 ... ist Jesus überhaupt in den Hexenkessel von Jerusalem gegangen, wissend, dass er dort sterben werde?
- 🔥 Warum hat er sich dem Gericht nicht entzogen?
- 🔥 Warum hat er seine Jünger nicht zum Kampf aufgerufen?
- 🔥 Warum reagierte der Himmel nicht?

 → 94

Wusste Jesus, dass er sterben würde, als er in Jerusalem einzog?

Darauf gibt es nur eine Antwort:

Jesus nahm den Tod bewusst auf sich. Er wollte tun, was der Vater will.

Immer wieder heißt es: Jesus tat das aus Liebe zu uns. Oder man sagt: Er tat es, um uns durch sein Leiden zu erlösen. Aber was heißt das denn?

 → 98

Wollte Gott den Tod seines eigenen Sohnes?

5.1 Woran litt Jesus?

Vielleicht hast du den Film „Die Passion Christi" von Mel Gibson gesehen? Manche sagen, es sei ein schlechter Film, der nur auf brutale Effekte setzt. Und wirklich: Der Film ist eine einzige abstoßende Orgie von Sadismus, Blut und Gewalt.

Andere sagen: Was wollt ihr denn? So ungefähr war das wirklich, als Jesus starb.

Die Kreuzigung gilt als die grausamste Hinrichtungsart der Antike. Kein Römer durfte gekreuzigt werden; meistens bestrafte man damit entlaufene Sklaven. Jesus wurde ans Kreuz geschlagen, aber nicht nur das. Man quälte und folterte ihn

→ 101

Warum musste uns
Jesus ausgerechnet
am Kreuz erlösen?

auch vorher auf jede nur erdenkliche Weise. Schau dir die „Leidenswerkzeuge" Christi an, die man in vielen alten Darstellungen findet (rechts das Arma-Christi-Kreuz in der Wendelin-Kapelle, Bremenried):

- 🔥 Der **Kelch der Leiden** erinnert an das Blut, „das für euch vergossen wird" (Lk 22,20).
- 🔥 Durch einen **Schwamm auf dem Stecken** reichte man dem Sterbenden Essig zur Durstlöschung.
- 🔥 **Nägel** trieb man mit einem Hammer durch die Handwurzeln Jesu.
- 🔥 Mit einer **Dornenkrone** machte man Jesus zur Witzfigur.
- 🔥 Seiner **Kleider** beraubt, sollte Jesus nackt und ohne Würde sterben.

- 🔥 Der **Wasserkrug** weist auf Pilatus hin, der seine Hände in Unschuld wusch, nachdem er Jesus zur Hinrichtung freigegeben hatte.
- 🔥 **Würfel** dienten den Folterknechten zum Verteilen der Kleider Jesu.
- 🔥 Mit einer **Zange** riss man dem toten Jesus die Nägel aus den Gelenken.
- 🔥 Die **Lanze** erinnert daran, dass Jesu Herz mit einer Lanze durchbohrt wurde.
- 🔥 An eine **Geißelsäule** gekettet, wurde Jesus mit einer Geißelpeitsche bis zum körperlichen Zusammenbruch gefoltert.
- 🔥 Die **Leiter** erinnert an die Abnahme des toten Jesus vom Kreuz.

Durch diese „Leidenswerkzeuge" wurden Jesus grausame Schmerzen zugefügt. Aber wenn Jesus nur *daran* gelitten hätte – was würde ihn unterscheiden von jedem einzelnen der 6000 überlebenden Sklaven des Spartakusaufstandes (73–71 v. Chr.), die über Kilometer hinweg an der Via Appia, vor den Toren Roms, gekreuzigt wurden? Was würde seine Todesangst unterscheiden von der Todesangst der jüdischen Kinder in den Gaskammern von Auschwitz?

Es gibt nur einen einzigen Unterschied zwischen den Leiden Jesu und dem millionenfachen Leid der Menschen:

Hier wurde nicht ein Mensch ans Kreuz geschlagen; hier starb die Liebe selbst: der menschgewordene Sohn Gottes.

Woran litt also Jesus? Er litt an allem Hass, aller Bosheit, aller Sünde, allen Verbrechen; allen Lieblosigkeiten, die jemals die Erde verdunkelt haben.

Er litt auch an dir und mir.

→ 102

Wieso sollen auch wir das Leid in unserem Leben akzeptieren und so „das Kreuz auf uns nehmen" und damit Jesus nachfolgen?

5.2 Der tödliche Punch

Beim Boxen spricht man davon, dass einige Boxer einen „tödlichen Punch" drauf hätten, dass sie also mit ihrer Faust richtiggehend töten können. In einer einzigen Bewegung ihrer Faust ist so ungeheure Kraft gebündelt, dass der Gegner dadurch zerschmettert wird. Natürlich wollen faire Boxer maximal den K.o. des Gegners; aber es ist schon vorgekommen, dass Boxer durch den Fausthieb ihres Gegners im Ring getötet wurden.

> **99** Der Schnee schmilzt im Frühling. Er kann die Sonnenstrahlen nicht zerstören. Genauso wenig kann das Böse die Liebe zerstören.
> RICHARD WURMBRAND

Als Gott Mensch wurde, um seine grenzenlose Liebe zu beweisen, da setzte das **BÖSE** zu einem tödlichen Punch an. „Tod und Leben", heißt es in einem uralten Osterlied, „die kämpften einen unbegreiflichen Zweikampf".

Es war, als hätte sich alles Unheil und alles Böse in der Welt an diesen dunklen Tagen im April des Jahres 30 in Jerusalem zusammengerottet, um die **LIEBE** schlechthin, um **JESUS** um die Ecke zu bringen. Es ergab sich eine Situation, die der Teufel selbst erfunden haben könnte:

🔥 Fanatismus, Hass, Lüge und falsches Zeugnis, eiskalter Zynismus, Machtspiele, Brutalität, Folter, Feigheit, Trägheit, Verrat, Schweigen.

Es war wie gesagt so, als würde sich alles Böse in der Welt versammeln, um der Liebe den *tödlichen Punch* zu verpassen.

Und was tat Jesus?

Er ließ die Arme unten. Er schlug nicht zurück. Er verteidigte sich nicht. Er blieb stumm vor Pilatus. Er nahm das Kreuz auf sich. Er ließ es zu, dass sich die ganze Macht der Sünde an ihm austobte. Er starb, um einen neuen Anfang in der Welt zu machen.

 → 99

Was geschah beim Letzten Abendmahl?

Er gab sein Leben – auch für dich und mich.

 Wie verstand Jesus selbst seinen Tod?
Man kann viel über den Tod Jesu spekulieren. Am besten ist es, man hält sich an die Bibel. Jesus hat sich nämlich selbst zum Sinn seines Sterbens geäußert. Die Evangelisten haben es aufgeschrieben – sicher nicht wortwörtlich, aber doch im Ganzen vertrauenswürdig. Wir müssen diese heiligen Texte immer wieder lesen (und den Heiligen Geist um Verstehenshilfe anrufen), damit wir von Mal zu Mal tiefer verstehen, was gemeint ist.

 → 100

Hatte Jesus am Ölberg, in der Nacht vor seinem Tod, wirklich Todesangst?

 Eine Volleyballerin, ein Franziskaner und einer, der vor Hitler nicht in die Knie ging
Bringt das denn was, wenn man für andere Menschen stirbt? Würde man nicht besser am Leben bleiben? Bevor wir von Jesus reden, sollten wir von drei normalen Menschen sprechen, die es getan haben.

 → Joh 13,1–15

Was?
Mein Leben für deins!

Ein paar Beipiele:

Die polnische Volleyballnationalspielerin **Agata Mróz** (1982–2008) war nicht nur schön wie ein Topmodel und eine super Sportlerin (u.a. zweimal Europameister) – sie war auch eine bemerkenswerte Christin. Agata war im Juni 2008 einem tückischen Krebsleiden erlegen, nachdem sie bis zur Geburt ihrer Tochter im April 2008 Jahres jede Behandlung abgelehnt hatte, die die Gesundheit ihres Kindes hätte gefährden können. Sie starb mit 27. Und rettete ihr Kind. Kurz vor ihrem Tod sagte sie: *„Ich bereue meine Entscheidung nicht. Wenn ich noch einmal wählen müsste, würde ich genauso entscheiden. Ich bin glücklich und trete erfüllt ab".*

Es war im Jahr 1943, in Auschwitz, dem grausamsten Todeslager der Nazis. Einer der Gefangenen war ein Promi, ein genialer Mann, den man in ganz Polen kannte: **Maximilian Kolbe**, ein Franziskaner. Mit 33 Jahren hatte er eine riesige Klosterstadt begründet, mit einem Verlag, einer Druckerei, mit Werkstätten, einer Rundfunkstation, einem Kloster und einem Gymnasium. 1939 schnappten ihn die Nazis und brachten ihn schließlich nach Auschwitz. Hier passierte etwas Unglaubliches: Eines Tages sah Kolbe, wie ein Mann namens Franz Gajowniczek umgebracht werden sollte. Kolbe wusste, dass der Mann eine Frau und Kinder hatte. Spontan meldete er sich bei den SS-Leuten: *„Lasst diesen Mann am Leben. Nehmt mein Leben für seines!"* Die Nazis nahmen den Deal an und schleppten Kolbe in einen Bunker, um ihn verhungern zu lassen.

Tagelang hörten alle, die am Hungerbunker vorüber kamen, wie Kolbe drinnen betete und sang. Schließlich gaben ihm die SS-Leute eine Giftspritze. Als Maximilian Kolbe 1982 heiliggesprochen wurde, stand Franz Gajwoniczek auf dem Petersplatz und konnte seine Tränen nicht zurückhalten.

Der österreichische Pallottiner **Franz Reinisch** hatte schon früh verstanden, dass Hitler ein Verbrecher war: *„Ich kann als Christ … einem Mann wie Hitler niemals den Eid der Treue leisten. Es muss Menschen geben, die gegen den Missbrauch der Autorität protestieren; und ich fühle mich berufen zu diesem Protest."* Irgendwann würde er zu den Soldaten eingezogen werden und den Eid auf Hitler schwören müssen. Mit Befehl und gutem Zureden versuchten Freunde und Vorgesetze, Reinisch vor seinem eigenen Mut zu bewahren. Vergebens. Als er im April 1942 einrücken musste, erklärte er schon am Kasernentor, er werde Hitler den Treueeid verweigern. Reinisch wurde sofort verhaftet. Der 21. August 1942 wurde zu seinem Todestag: Um Mitternacht legte er noch einmal die Beichte ab, empfing um 1:00 Uhr die heilige Kommunion. Um 3:00 Uhr gab er alle Dinge ab, die er noch bei sich hatte: das Sterbekreuz, den Rosenkranz, einige Bücher und den Abschiedsbrief. Um 3:30 Uhr nahm man ihm Schuhe und Strümpfe ab, fesselte seine Hände auf dem Rücken und führte ihn in den Keller vor dem Hinrichtungsraum. Um 5:03 Uhr wurde Franz Reinisch enthauptet.

Agata Mróz starb stellvertretend für ihr Kind.

Maximilian Kolbe starb stellvertretend für Franz Gajwoniczek.

Franz Reinisch starb stellvertretend für alle, die den Mut nicht hatten, Hitler zu widerstehen.

→ 87

Warum ließ sich Jesus von Johannes taufen, obwohl er ohne Sünde war?

5.5 **Das Geheimnis der Stellvertretung**

Eine Stellvertretung braucht man dann, wenn man selbst nicht am Platz sein kann:

🔥 Niemand hätte das Kind von Agata Mróz retten können, als Agata selbst.

🔥 Niemand war da, der die Kraft hatte, Franz Gajwoniczek vor dem Hungerbunker zu retten, als Maximilian Kolbe.

🔥 Niemand sonst war da als Franz Reinisch, dem Gott eingab, es sei besser zu sterben, als einem Verbrecher die Treue zu schwören.

Und warum starb nun Jesus? Weil kein anderer an seiner Stelle tun konnte, was er für uns tat.

→ 70

Wie entzieht uns Gott dem Sog des Bösen?

🔥 Wir sind Teil einer von Gott abgefallenen Welt, die sich mit Lichtgeschwindigkeit von ihm entfernt.

🔥 Wir können uns nicht am eigenen Schopf aus dem Sumpf ziehen. Gott muss uns retten. Jemand muss uns heimholen.

🔥 In Jesus kam Gott ganz bei uns an. Im Land der Erbschuld. Im Elend unserer Gottesferne. Im Dunkel unserer Sünde. In unseren Traurigkeiten, unsren Leiden, unseren Schreien, unserer Verzweiflung, unserem Sterbenmüssen. In den Konzentrationslagern und Gaskammern.

→ Phil 2,6-8

🔥 Wir können immer noch weiter weglaufen von Gott. Aber wenn wir am tiefsten Punkt angekommen sind – ist da jemand: Jesus Christus.

🔥 Im Tal des Todes wartet die **LIEBE** auf uns.

→ 76

Warum wurde Gott in Jesus Mensch?

🔥 Als Agata Mróz, Maximilian Kolbe und Franz Reinisch im Tal des Todes ankamen, wurden sie von Jesus empfangen, der sie mitnahm in die Freude, das große Fest des Lebens: die ewige Gemeinschaft mit Gott.

DAS COMEBACK JESU

6 oder die Geschichte von der Auferstehung

Bei Boxern gibt es den Spruch: „They never come back!" Gemeint sind die großen Champions, die einst alle Kämpfe für sich entschieden hatten. Eines Tages kommt dann ein Junger und haut so einen Champ aus dem Ring. Der Alte hat schwer dran zu kauen, findet keine Ruhe. Er versucht also ein Comeback. Er will es allen noch einmal zeigen. Meistens endet das mit einer Katastrophe: Der Altmeister bezieht schlimme Prügel. Gedemütigt schleicht er aus dem Ring. Die Boxlegende ist zerstört.

6.1 Die Zerstörung einer Legende

Was war geschehen? Jesus war der Star seiner Zeit. Wie ein Komet war er aufgegangen, und wie ein Kometenschweif zog er Menschen hinter sich her: Freunde, Jünger, Apostel, Neugierige, Sensationslüsterne, politische Schwärmer. Und in der Tat. Es gab was zu sehen:

- Jesus muss ein begnadeter Redner gewesen sein, der die Volksmassen zu faszinieren verstand.
- Bei Jesus musste man immer mit einem Wunder rechnen. In der Bibel ist die Rede von Blinden, die plötzlich sahen, Lahmen, die wieder gehen konnten, Tauben, die nun hören konnten, Aussätzigen, die von nun auf plötzlich ohne stinkende Wunden und hässliche Narben dastanden. Jesus hat sogar Tote wieder ins Leben zurückgerufen (und keine Scheintoten; im Fall Lazarus sagte Marta zu Jesus: „Herr, er riecht schon, denn er ist seit vier Tagen hier im Grab").
- Jesus forderte Leute auf, mit ihm Richtung Jerusalem zu ziehen – und das in einer politisch heiklen Situation. Das Land war von den Römern besetzt. Bereitete da einer einen blutigen Aufstand gegen die verhassten Besatzer vor? Viele hofften auf einen Befreier. Schon lange kursierte das Gerücht, ein von Gott gesandter „Messias" werde kommen und mit einem Gewaltstreich das Römerpack aus dem Land fegen.

Jesus am Ostersonntag: den hatten ja auch schon alle abgeschrieben, und dann nach drei Tagen: Comeback! So ein richtig schönes Comeback, wo keiner mehr mit gerechnet hat.
BERND STROMBERG, TV-Serie „Stromberg"

 → 90

Hat Jesus Wunder gewirkt oder sind das nur fromme Märchen?

 → Joh 11,39

 → 73

Warum trägt Jesus den Beinamen „Christus"?

→ 95

Warum wählte Jesus das Datum des Paschafestes für seinen Tod und seine Auferstehung?

Und dann kamen die entscheidenden Tage von Jerusalem. Die Mächtigen in Jerusalem brauchten keine Späher und keinen Geheimdienst, um zu wissen, dass der gefährliche Mann – Jesus – in der Stadt war. Ausgerechnet am Paschafest, zu dem Juden aus aller Herren Länder, etwa aus Ägypten, zu Tausenden in die Heilige Stadt pilgerten! Am großen Festtag würde der Himmel verdunkelt sein durch die Rauchschwaden von 18.000 geopferten Lämmern. Würde der Prophet aus Nazareth die Stadt noch auf eine ganz andere Weise in Brand setzen? Viele hofften es. Andere berieten intensiv, wie man Jesus schachmatt setzen konnte. Die Verantwortlichen in Jerusalem wussten ganz genau, dass es keinen Sinn hatte, die übermächtigen Besatzer der Weltmacht Rom anzugreifen – es würde in einem Blutbad enden.

Er wurde misshandelt und niedergedrückt, aber er tat seinen Mund nicht auf. Wie ein Lamm, das man zum Schlachten führt, und wie ein Schaf angesichts seiner Scherer, so tat auch er seinen Mund nicht auf.

Jes 53,7

Aber es kommt ganz anders mit Jesus:

Wehrlos wie ein Lamm lässt er sich zur Schlachtbank führen.
Petrus muss das gezückte Schwert wieder in die Scheide stecken.
Vor Gericht bleibt Jesus stumm.
Er lässt alles mit sich machen.

Wenn Jesus jemals der unbesiegbare Champion seiner Jünger war, dann war Golgotha die Zerstörung einer Legende.

→ Mt 26,69–75

6.2 Nichts wie weg!

Die Verhaftung und Verurteilung Jesu, seine Hilflosigkeit und sein Verbrechertod muss seine Anhänger so wahnsinnig enttäuscht haben, dass selbst Petrus, der zu den allerengsten Freunden Jesu gehörte, Jesus auf eine unfassbare Weise verrät: „Ich kenne diesen Menschen nicht!" (Mt 26,74), sagt er, als ihn Leute auf sein Idol ansprechen.

Als Jesus schließlich hingerichtet war, gaben auch noch seine letzten Jünger Fersengeld. Sie hauten einfach ab – jeder in eine andere Richtung. Was sollte ein Fischer seinen Kollegen erzählen? „Hi, Leute, ich bin wieder da! Wann geht's raus?"

Was tut man schon in einer solchen Situation als Fan von einem, der ruhmlos von der Bühne gegangen ist? Man verkrümelt sich. Versteckt sich eine Weile. Will nicht mehr an gestern erinnert werden.

Wie kann es dann aber sein,

dass aus dieser Losergeschichte die größte Religionsgemeinschaft der Welt entsteht? Heute bezeichnen sich fast zwei Milliarden Menschen – also ein Viertel der gesamten Weltbevölkerung – als Christen.

 ### Startup einer Weltreligion

Innerhalb von nur 30 Jahren nach Jesu Tod erreicht das junge Christentum nahezu die gesamte antike Welt, inklusive der damaligen Welthauptstadt Rom. Von winzig kleinen Gemeinden aus (Hauskirchen) beginnt ein Siegeszug ohnegleichen, bei dem man an das Gleichnis vom Senfkorn denken muss. Eine Welle der Freude überschwemmt Land um Land. Große und Angesehene bekehren sich und lassen sich zusammen mit Sklaven taufen. Die jungen Christen werden häufig verfolgt; man versucht, sie sogar komplett auszurotten. In antiken Stadien werden sie Löwen vorgeworfen. Aber die Leute Jesu wollen lieber sterben, als ihren Glauben zu verraten.

Mit Jesus muss es also einen unglaublichen Neustart gegeben haben. Innerhalb kürzester Zeit war etwas passiert, das die enttäuschten Bauern und frustrierten Fischer wie mit einer eisernen Faust packte – etwas, das sie noch einmal von ihren Feldern und aus ihren Booten rief und sie nullkommaplötzlich zu begeisterten Missionaren und Boten des Glaubens machte.

Was bloß war es,

das diese einfach gestrickten Frauen und Männer aus der Provinz Galiläa zu unwiderstehlichen Glaubenszeugen machte und innerhalb von drei Jahrhunderten zur Bekehrung von griechischen Philosophen und römischen Kaisern führte? Worin dieser sensationelle Neustart Jesu bestand, darüber streiten sich die Geister.

> **99** Im Kreuz ist Heil, im Kreuz ist Leben, im Kreuz ist Hoffnung.
> Antiphon von Karfreitag

 → Mt 13,31–32

> **99** Wenn der Tiber bis in die Stadtmauern steigt, wenn der Nil nicht bis über die Feldfluren steigt, wenn die Witterung nicht umschlagen will, wenn die Erde bebt, wenn es eine Hungersnot, wenn es eine Seuche gibt, sogleich wird das Geschrei gehört: Die Christen vor die Löwen!
> TERTULLIAN, um 197

Ein paar Antworten:

→ Joh 11,27

→ 107

Kehrte Jesus durch die Auferstehung in den körperlichen Zustand zurück, den er während seines irdischen Lebens hatte?

→ Joh 20,24–29

1 Die Geschichte von Jesu Auferstehung ist wahr – und sie ist der einzige Treiber für das größte Comeback der Weltgeschichte. Er, der wirklich tot war, kam zu neuem Leben. Er war ganz anders geworden, ging durch verschlossene Türen und gehörte also nicht mehr zum normalen Leben, aber er war lebendig – für immer. Seine Jünger erfuhren es, weil sich der Auferstandene ihnen so leibhaft zeigte, dass Thomas sogar seinen Finger in die Seitenwunde Jesu legen konnte. Der Auferstandene selbst war es, der die Jünger zum zweiten Mal aus ihrer normalen Welt herausholte. So entstand die christliche Urgemeinde. Das Geheimnis ihres missionarischen Erfolges war der geheimnisvoll in ihrer Mitte lebende **AUFERSTANDENE** selbst. Und die junge Kirche hatte noch eine unglaubliche Botschaft im Gepäck: Wer zu Jesus hält, hat ewiges Leben, „auch wenn er stirbt".

Dies ist die Überzeugung der Kirche. Und sie hat eine Menge gute Gründe dafür.

→ 103

War Jesus wirklich tot – oder konnte er vielleicht deshalb auferstehen, weil er nur scheinbar den Tod erlitten hatte?

2 Jesus war nur scheinbar tot. Man befreite ihn aus dem Grab – dann reorganisierte Jesus seine Truppe und betrieb sein Comeback als „Weltreligion Christentum". Er starb friedlich und liegt an unbekanntem Ort begraben.

Höchst unwahrscheinlich! Er wurde nicht nur gekreuzigt, man stieß auch eine Lanze in sein Herz.

3 Jesus war tot. Seine Jünger befreiten ihn aus dem Grab. Die Legende vom leeren Grab löste den Glauben an die Auferstehung aus. Die Jünger nutzten das schöne Märchen, um die Botschaft Jesu besser verkündigen zu können.

Die Jünger Jesu als Grabräuber und Lügner? Dafür gibt es zu viele Zeugen, die ihn gesehen haben.

4 Es gab ein Comeback, obwohl Jesus tot war, tot blieb und immer noch tot ist – so tot, dass man eines Tages vielleicht seine Knochen finden und seine DNA feststellen könnte. Jesu Comeback bestand darin, dass „seine Sache" weiterging. Nicht Jesus – nur seine genialen Worte „lebten" und „leben".

Diese Auffassung findet man hie und da sogar in der Kirche. Sie wird von Leuten vertreten, die Wunder für Quatsch halten. Und wie stellt man sich dann die rasante Ausbreitung des Christentums vor? Als eine Art Flashmob Gottes. Immer mehr Leute riefen „Halleluja, Jesus lebt!" ...

6.4 **Leise Zweifel: ein Flashmob Gottes?**

Hast du schon mal einen richtigen Flashmob erlebt? Es gibt einen ganz tollen im Internet: Es ist ein paar Tage vor Weihnachten, und wir befinden uns in einem riesigen Einkaufszentrum. Die Leute laufen mit Taschen herum; manche sitzen müde an Tischen, trinken einen Latte oder eine Cola. Alle haben triste Gesichter. Plötzlich steht jemand auf, steigt auf einen Stuhl und singt aus Leibeskräften: *Halleluja, halleluja* ... du kennst dieses berühmte Halleluja – das von Händel? Die Leute reißen die Köpfe herum. Ist da jemand verrückt geworden? Nach wenigen Sekunden fängt jemand an der anderen Ecke an mitzusingen, zweite Stimme! Wie – spinnt der auch? Aber es klingt toll. Und passt genau – dritte Stimme. Plötzlich setzt jemand die Kaffeetasse ab, singt ebenfalls aus Leibeskräften mit. Nach fünf Minuten singt das halbe Einkaufszentrum. Die Leute lachen, schütteln den Kopf. Und bald hat es auch der Letzte kapiert: Das kein Zufall. Da hat ein witziger Chor einen genialen Flashmob inszeniert. Das heißt: Die haben sich vorher abgesprochen. Die Mitglieder des Chores taten einfach so, als seien sie zufällige Kunden im Einkaufszentrum und hätten nichts miteinander zu tun. In Wahrheit haben sie monatelang für den Flashmob geprobt, auch wenn er dann total spontan aussah.

 Wenn aber Christus nicht auferweckt worden ist, dann ist euer Glaube nutzlos.

1 Kor 15,17

„ Das Ereignis des Todes und der Auferstehung Christi ist das Herz des Christentums, der tragende Mittelpunkt unseres Glaubens, der mächtige Antrieb unserer Gewissheit, der starke Wind, der alle Angst und Unsicherheit, jeden Zweifel und jede menschliche Berechnung vertreibt.

BENEDIKT XVI.

Könnte es mit der Auferstehung nicht wirklich so gewesen sein?

Denn wir sind nicht irgendwelchen klug ausgedachten Geschichten gefolgt, als wir euch die machtvolle Ankunft Jesu Christi, unseres Herrn, verkündeten, sondern wir waren Augenzeugen seiner Macht und Größe.

2 Petr 1,16

Nachdem die Jünger eine Weile in alle Winde zerstreut waren, haben sie sich eines Besseren besonnen, weil sie Jesus nicht vergessen konnten. Sie sagten sich: Wenn Jesus auch gescheitert ist, so haben wir doch seine Lehre – und wenn wir sie befolgen, dann „lebt" Jesus ja gewissermaßen. Daraus entstand die Urgemeinde, die „ein Herz und eine Seele" war. In der Gemeinde bezeugten die verschiedensten Leute, dass „Jesus" in ihrer Seele „lebt". Um Juden und Griechen von diesem „Leben" zu überzeugen, erfanden Paulus und die Evangelisten die symbolisch gemeinte Lehrerzählung vom leeren Grab und von der Auferstehung Jesu von den Toten.

Was soll man davon halten? Auferstehung nur ein „Symbol", eine kirchliche Absprache („wir sagen jetzt mal Auferstehung dazu!")? Wenn dieser von einigen Jüngern organisierte urchristliche Flashmob die wahre Geschichte des Christentums wäre, könnte man jedem nur empfehlen, sofort aus der Kirche auszutreten und sich auf keinen Fall firmen zu lassen. Dann wäre nämlich das Zentralereignis des christlichen Glaubens erfunden, und die Apostel wären Halunken, denen die antike Welt auf den Leim gegangen wäre.

→ 104

Kann man Christ sein, ohne an die Auferstehung zu glauben?

Die Kirche singt an Ostern:

Christus ist erstanden.
Er ist wahrhaft auferstanden.
Halleluja!

Und es ist kein abgekarteter Flashmob von gleichzeitigen Hallelujarufern. Die Kirche glaubt, was sie singt.

6.5 Szenen eines Comebacks

Woher war sich die Urkirche so sicher, dass niemand im Entferntesten auf den Gedanken gekommen wäre, die Auferstehung Jesu für einen Fake zu halten?

→ 105

Wie kamen die Jünger dazu, zu glauben, dass Jesus auferstanden ist?

Schauen wir die älteste Aufzeichnung über die Auferstehung Jesu an. Sie stammt etwa aus dem Jahr 55 – also etwa 25 Jahre nach Jesu Tod, und sie wurde aufgezeichnet von Paulus. Paulus war kein unmittelbarer Augenzeuge der Jerusalemer Ereignisse. Aber er beruft sich auf unmittelbare „Augenzeugen" – und wenn man in seinem Text etwas nachzählt, können es gut und gerne 520 und mehr Leute gewesen sein:

- 🔥 „Kephas" (= der Fels; gemeint ist der Apostelchef Petrus)
- 🔥 „... mehr als 500 Brüdern auf einmal"
- 🔥 „Jakobus"
- 🔥 „... den übrigen Aposteln"
- 🔥 „mir ... als der unzeitigen Geburt" (manche übersetzen sogar mit „als der Missgeburt")

Lies mal die wichtige Stelle aus dem 1. Korintherbrief.

→ 1 Kor 15,3–9

Warum bezeichnete sich Paulus als „Missgeburt" – und wie kann er sagen, dass der Auferstandene auch ihm erschienen

sei, wo er doch erst später zur jungen Christengemeinde hinzustieß? Dazu muss man die Geschichte des Paulus kennen, der mit jüdischem Namen Saulus hieß.

Die junge Christengemeinde fürchtete diesen Namen wie keinen sonst. Denn Saulus war ein militanter Christenverfolger, an dessen Händen Blut klebte. „Saulus", berichtet die Apostelgeschichte, „wütete ... mit Drohung und Mord gegen die Jünger des Herrn". ER war der Mann, dem man den blutigen Mantel des gesteinigten Stephanus, des ersten Märtyrers der Christenheit, zu Füßen gelegt hatte. „Saulus", heißt es, „war mit dem Mord einverstanden."

Verstehst du nun, warum sich Paulus als „Missgeburt" bezeichnet? Er hatte so viel Dreck am Stecken. Christus musste ihn erst vom Pferd werfen und blenden, um ihm zu zeigen:

→ Apg 9,1–5

Mich gibt's und du verfolgst die Falschen!!!! Ich bin auferstanden, ich lebe!

Es war eine schwere Geburt, die Paulus in ein neues Leben brachte.

→ Apg 9

Lies unbedingt die ganze spannende Geschichte von Paulus in der Apostelgeschichte.

Was für eine Geschichte! Jesus Christus hat sich einen Verräter (= Petrus) und einen Christenverfolger (= Paulus) ausgesucht, um seine Kirche mit ihrer Hilfe aufzubauen.

→ 106

Gibt es Beweise für die Auferstehung Jesu?

Dazu musste er sich diesen Beiden in einer völlig eindeutigen Weise als der **AUFERSTANDENE** und Lebende zeigen. So durfte sich auch Paulus als „Auferstehungszeuge" bezeichnen.

Das ist die Wahrheit über das Comeback Jesu.

6.6 Und was hat das Comeback Jesu mit uns zu tun?

Überlege einmal, ob es in deiner Verwandtschaft einen Menschen gibt, den du gekannt hast und der schon gestorben ist. Vielleicht ist es ein Onkel oder eine Tante, Oma oder Opa, vielleicht sogar ein Elternteil oder jemand von deinen Geschwistern?

- Glaubst du, dass dieser liebe Mensch ganz und gar weg ist? So, als wäre er nie gewesen?
- Glaubst du, ein guter Gott könnte ihn jemals vergessen?
- Kannst du dir vorstellen, dass er ein neues Leben hat – in einer neuen Wirklichkeit bei Gott?

Viele Menschen haben die Hoffnung, dass Gott uns nicht einfach wegwischt von der Tafel des Lebens.

Dass das geht …

Sterben …
und doch ein neues Leben finden …

… das wissen wir, seit Jesus gestorben und wieder auferstanden ist. Zu Marta, die nicht glauben wollte, dass Lazarus durch Jesus neues Leben bekommen könnte, sagte Jesus: *„Ich bin die Auferstehung und das Leben. Wer an mich glaubt, wird leben, auch wenn er stirbt, und jeder, der lebt und an mich glaubt, wird auf ewig nicht sterben"*.

Und er fragte sie noch: „Glaubst du das?"
Diese Frage muss jeder Christ beantworten:

Glaubst du Jesus das?

So spricht der Herr: Kann denn eine Frau ihr Kindlein vergessen, eine Mutter ihren leiblichen Sohn? Und selbst wenn sie ihn vergessen würde: ich vergesse dich nicht.

Jes 49,15

→ 108

Was hat sich durch die Auferstehung in der Welt verändert?

→ Joh 11,25

FEEL THE SPIRIT!

7 Forschungsreise zum
Heiligen Geist

Firmung heißt, dass der Heilige Geist auf dich herabkommt. Das Wort „Geist" ist dir sicher schon mal untergekommen. In Schlössern spukt gelegentlich ein Geist. Weingeist kann man auf Flaschen ziehen, sollte ihn aber nicht unbedingt trinken. Und wenn man von einem großen Geist spricht, meint man für gewöhnlich einen berühmten Philosophen oder einen genialen Schriftsteller. In der Kirche spielt der Heilige Geist eine Rolle, der an Pfingsten in „Zungen wie von Feuer" auf die Jünger herabgekommen ist. Wir müssen mal ein bisschen Forschung betreiben, um besser zu verstehen, was (oder besser gesagt: wer) der Heilige Geist ist.

→ Apg 2,1–5

Die modernste Religion der Welt

Das Volk Israel war mit Recht stolz, dass man sozusagen die modernste Religion der Welt hatte. Andere Völker vermuteten noch hinter jedem Donnerschlag eine eigene Gottheit. Die Griechen – sonst die Weltmeister im Denken – hatten selbst zur Zeit Jesu noch einen wimmelnden Götterhimmel, in dem es drunter und drüber ging. Die Juden hingegen wussten: Es kann nur einen einzigen Gott geben – Jahwe. Sie waren Monotheisten – also „Ein-Gott-Gläubige".

 Ich bin der Herr, dein Gott. Du sollst keine anderen Götter neben mir haben.
Ex 20,2–3, Erstes Gebot

Einer, zwei oder drei oder was?

Als dann Jesus kam, wurde die Sache plötzlich kompliziert: Seine jüdischen Mitbürger konnten noch verstehen, dass Jesus den Herrn im Himmel mit **VATER** ansprach. Das war klar monotheistisch. Aber nun machte Jesus Dinge, die nur Gott tun kann: Er heilte Kranke, erweckte Tote zum Leben und vergab Sünden. Wie bitte? Sollte es jetzt plötzlich wieder zwei Götter geben? Den **VATER** und den **SOHN**? Das war für die Juden nicht nur ein primitiver religiöser Rückfall; es war ihnen so unerträglich, dass man Jesus dafür sogar ans Kreuz brachte.

 → 35
Glauben wir an einen Gott oder an drei Götter?

Aber es sollte noch krasser kommen. Als Jesus Abschied nahm von seinen Jüngern, versprach er ihnen einen „anderen Beistand", den **HEILIGEN GEIST.** An Pfingsten merkten die Jün-

→ Joh 14,16

ger, was Jesus damit gemeint hatte: Der **HEILIGE GEIST** wurde über sie ausgegossen.

→ 113

Was heißt: Ich glaube an den Heiligen Geist?

Die Jünger erlebten eine tiefe Sicherheit und Freude im Glauben und sie erhielten wunderbare Gaben **(CHARISMEN)**; sie konnten plötzlich prophezeien, heilen, Wunder wirken. Seit dieser Zeit beten Christen zum **VATER**, zum **SOHN** und zum **HEILIGEN GEIST.** Und sie taufen im Namen des Vaters, des Sohnes und des Heiligen Geistes. Hätten wir also gleich drei Götter?

→ Joh 20, 19–22
→ Apg 2,1–4

→ 118

Was geschah an Pfingsten?

Nein, Christen sind keine Polytheisten (Leute, die an mehrere oder viele Gottheiten glauben). Nach langem Ringen in der Urkirche fand man die Formel: „Ein Gott in drei Personen". Wir nennen das **TRINITÄT** oder **DREIFALTIGKEIT.** Es gibt in der Tat nur einen einzigen Gott. Aber über Jesus lernte die Kirche, dass in der tiefsten Tiefe dieses einen Gottes Gemeinschaft ist, Austausch, Liebe – und zwar zwischen drei Personen.

7.3 Der große Unbekannte

Viele sagen: Jesus, den *Sohn,* kann ich verstehen. Zum *Vater* kann ich beten. Aber der *Heilige Geist* bleibt mir fremd.

Es gibt einen ganz einfachen Schlüssel zum Heiligen Geist:

→ 38

Wer ist der „Heilige Geist"?

🔥 Denk am Anfang einfach: Der Heilige Geist ist der Geist Gottes, die Kraft, die Jesus trieb. Die Liebe, die zwischen Jesus und dem Vater war. Die Kraft, in der Jesus heilte.

→ 115

Unter welchen Namen und Zeichen erscheint der Heilige Geist?

🔥 Als sich Jesus im Jordantal taufen ließ, kam in Gestalt einer Taube etwas von oben auf ihn herab. Wir könnten jetzt sagen: Gott der Vater schickte ihm ein paar gute Gedanken oder eine Art göttlicher Energie. Aber das trifft die Sache nicht. Gute Gedanken sind Luft. Sie kommen und gehen. Energie verpufft.

🔥 Jesus empfing keine Idee, und er wurde auch nicht wie ein Akku mit anonymer Energie aufgeladen. Bei der Taufe Jesu wird seine Beziehung zum Vater sichtbar.

🔥 Der Heilige Geist ist Liebe Gottes in Person. Das heißt: Wir können zur Liebe Du sagen. Die Liebe sieht und hört. Die Liebe selbst antwortet uns.

🔥 Jesus machte uns seine Liebe, seinen Heiligen Geist, zum Geschenk. Das heißt: Er schenkte uns nicht irgendwelche originellen Ideen © bei Jesus, sondern er gab uns seinen Geist als eine lebendige Wirklichkeit, die etwas tut, die man ansprechen kann, die hört, antwortet, führt, leitet, zu der man beten kann, usw.

🔥 Der Heilige Geist ist so bei uns, wie Jesus bei seinen Jüngern war. Genauso nahe. Genauso erreichbar. Genauso aufmerksam. Genauso heilsam. Genauso wundertätig.

🔥 So ist es zu verstehen, wenn wir sagen: Der Heilige Geist (Jesu) lebt in der Kirche und führt sie. Er lebt in jedem einzelnen Getauften, der sich für die Wirklichkeit Gottes geöffnet hat.

 → 114

Welche Rolle spielte der Heilige Geist in Jesu Leben?

Jesus ist bei seinem Vater. Aber durch den Heiligen Geist ist er im Grunde so erfahrbar, als würde er noch immer durch die Kornfelder Galiläas gehen oder am Strand des Sees Gennesaret zu uns sprechen.

7.4 Der Heilige Geist und dein Herz: Pfingsten auch für dich und mich

Auf jedem Volksfest kann man Luftballons in Form eines Herzens kaufen. Das Herz ist weltweit das Zeichen für „Liebe". Herz = Liebe!

Äh ... Herz = Liebe? Wäre ja toll, wenn in jedem menschlichen

Herzen nur ein einziges Gefühl zuhause wäre: **LIEBE**. Das wäre die Revolution, wenn jeder dem anderen mit herzlicher Freude und tiefem, innerem Wohlwollen begegnen würde!

Aber nun gibt es ein Sprichwort, in dem das menschliche Herz auch mit einer „Mördergrube" verglichen wird. Jesus hat das auch gesagt.

→ Mk 7,21–22

MACH MAL EINEN VERSUCH:

Sei mal 5 Minuten mit dir allein in einem Zimmer – ohne Handy, ohne Laptop, ohne mp3-Player. Schaffst du das? Manche können es nicht mal drei Minuten aushalten. Denn es ist jede Menge los in unserem Herzen:

- 🔥 Da ist Unruhe, die in uns aufsteigt, oder eine unerklärliche Traurigkeit.
- 🔥 Manchmal kommen Hass und Wut hoch.
- 🔥 Häufig packt uns die Habsucht nach etwas, das uns nicht gehört.
- 🔥 Oft steigt Neid in uns auf, auf andere, die schöner, besser, klüger, erfolgreicher, angesehener sind als wir.
- 🔥 Nicht selten haben wir das Gefühl, als sei unser Herz ein trüber Tümpel, aus dem lauter giftige Blasen aufsteigen.

Andere beschreiben ihr Innerstes mit Worten wie: „Ich suche eine tiefe Freude, aber ich kann sie nicht finden", „Da ist etwas Unersättliches, wie eine gigantische Grube, die mit nichts auszufüllen ist", „Ich finde keinen Frieden in mir!"

7.5 **Warum mein Herz mit nichts zufrieden ist**

Es muss dich nicht beunruhigen, dass dein Herz so groß, so sehnsuchtsvoll, so unruhig ist.

 Du hast uns zu dir hin geschaffen, und unruhig ist unser Herz, bis es ruht in dir.
AUGUSTINUS

Gott hat unser Herz so geschaffen, dass es mit nichts zufrieden ist, außer mit Gott.

Lass die große, innere Leere in dir zu – sie ist dazu da, dass

Gott in dir Wohnung nehmen kann. Gott will, dass wir glücklich sind. Er möchte uns bis in die letzte Faser unseres Seins ausfüllen – nicht mit einer anonymen „Energie", sondern mit sich selbst. Gott gibt nie weniger als sich selbst. Er möchte, dass wir Freude ohne Ende haben. Deshalb hat er unser Herz so maßlos weit gemacht und so unbewohnbar, bis es bewohnt ist von Seinem Heiligen Geist selbst.

→ 338
Was ist Gnade?

Und was wohnt dann in dir, statt Hass, Neid, Missgunst, Angst und Gier? Die Liebe – nichts anderes als der Heilige Geist.

→ 1 Joh 4,16
1 Kor 3,10

Wenn es anders wäre, wäre der missmutige russische Ölmilliardär Abramowitsch der glücklichste Mensch der Welt. Als er schon Villen an den schönsten Küsten der Erde besaß, als seine Garage schon vollstand mit Wagen der Marke Rolls Royce und Ferrari, als er schon Flugzeuge, Hubschrauber und Nobelyachten in der Südsee besaß, kaufte er sich noch einen Fußballclub. Es ist nicht bekannt, dass er dadurch wirklich glücklicher geworden wäre.

Aber der einfachste Mensch, der dem Heiligen Geist Gottes sein Herz öffnet, kann sofort den Frieden und die Freude finden – weil die Liebe selbst zu ihm kommt und in ihm Wohnung nimmt.

7.6 Mach' es dir schön in mir!

Warst du schon einmal in Taizé? Wenn nicht, dann solltest du das unbedingt mal tun. Taizé ist wirklich cool; viele haben dort zu einem tiefen Glauben an Gott gefunden. Besonders in den Sommermonaten sind da Tausende von Jugendlichen aus vielen Ländern der Erde. Sie campen in Zelten oder schlafen in Baracken. In Taizé leben etwa 100, meist junge Mönche. Man kann mit ihnen sprechen und an Workshops teilnehmen. Aber das Schönste sind die Gottesdienste. Dreimal am Tag ertönt eine Glocke – und alle (wirklich alle) machen sich auf den Weg in die Kirche. Die krassesten Typen, die man sonst in keinem Gottesdienst vermuten würde! Aber was ist das

→ 120
Was tut der Heilige Geist in meinem Leben?

auch für eine seltsame Kirche! Es gibt erst mal keine Bänke. Man setzt sich auf den Boden. Der Gottesdienst fängt auch nicht mit einem Bimmel-bimmel der Sakristeiglocke an. Die weißgekleideten Mönche kommen vielmehr, einer nach dem anderen, herein und setzen sich still auf den Boden – inmitten all der Jugendlichen.

Und plötzlich hörst du – mitten aus der Stille heraus – eine einzelne Stimme. Sie singt: „Veni, Sancte Spiritus!" Die Stimme singt es ganz leise. „Veni, Sancte Spiritus!" heißt: „Komm, Heiliger Geist!" Andere Stimmen kommen hinzu, die auch das „Veni ..." singen. Plötzlich ist es ein vielstimmiger, sehnsüchtig rufender Gesang, an dem alle teilnehmen: Jack, dieser afrikanische Mönch dort in der weißen Kutte, Tom und Jennifer aus Deutschland, Gaston, der an der Betonsäule kauert (er kommt aus Frankreich), Ana aus Spanien, Mirko und Jana aus Kroatien.

> **99** Komm herab, o Heiliger Geist, / der die finstre Nacht zerreißt, / strahle Licht in diese Welt. Komm, der alle Armen liebt, / komm, der gute Gaben gibt, / komm, der jedes Herz erhellt.
> VENI SANCTE SPIRITUS, um 1200

Es scheint, als wollte das himmlisch schöne Rufen gar nicht mehr enden. Und fast jeder spürt, wie dieses Lied tiefer und tiefer hinab in seine Seele fällt und sie mit Liebe und Frieden erfüllt.

> **99** Gott spricht in der Stille der Herzen und du brauchst ihm nur zuzuhören.
> MUTTER TERESA

Du kannst dieses Gebet sprechen:

Komm, Heiliger Geist! Komm auch in mein Herz! Erfülle mich ganz mit deiner Freude, deinem Frieden, deiner göttlichen Kraft. Komm, wohne in mir! Mach' es dir schön in mir. Vertreibe alle bösen Gedanken, alle Unruhe, alle Traurigkeit und Angst aus den Kammern meines Herzens. Sei du, Heiliger Geist, mein bester Freund und Berater. Führe mich, dass ich niemals von den Wegen Gottes abweiche. Sei du es, der mir Gedanken des Friedens eingibt. Tröste mich, wo ich traurig bin. Stärke mich in der Versuchung. Wärme mich, wo meine Liebe kalt zu werden droht. Mach' du, dass ich leuchte und für andere Menschen ein Zeichen der Liebe Gottes bin. Veni, Sancte Spiritus!

 Die neun Früchte des Heiligen Geistes

Woran erkennst du, dass der Heilige Geist in dir ist?
Im Galaterbrief findest du neun **FRÜCHTE DES HEILIGEN
GEISTES:**

LIEBE

→ **Gal 5,22–23**

Wo der Heilige Geist ist, da ist Liebe. Liebe ist mehr als ein
Gefühl. Sonst hätten wir Liebe nur zu einem total süßen
Baby. Aber wir sollen Liebe zu allen Babys haben, auch zu
denen mit einem offenen Rücken. Wenn der Heilige Geist die
Liebe Gottes in uns entfacht, dann ist das, wie wenn du den
Stecker in die Steckdose tust. In dir sind alle Gefühle, die
Gott selbst für das hat, was er schuf: die Menschen, die Tie-
re, die Blumen. Gott ist verrückt vor Liebe zu uns. Die göttliche Liebe ist keine Wenn-dann-Liebe, keine Liebe auf Zeit;
sie „hört niemals auf". Sie ist treu. Sie verwandelt alles, vor
allem die Welt deiner Beziehungen. Mit Gottes Liebe in dir
schaust du alles mit neuen Augen an.

→ **1 Kor 13,8**

FREUDE

Wo der Heilige Geist ist, da ist Freude. Stell dir ein Rockkon-

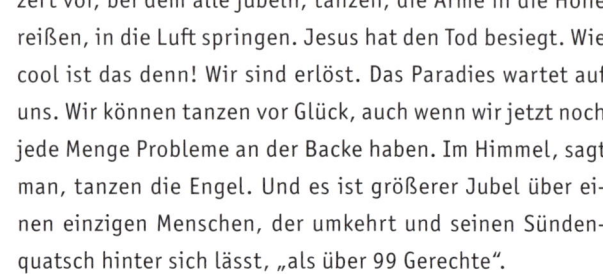

zert vor, bei dem alle jubeln, tanzen, die Arme in die Höhe reißen, in die Luft springen. Jesus hat den Tod besiegt. Wie cool ist das denn! Wir sind erlöst. Das Paradies wartet auf uns. Wir können tanzen vor Glück, auch wenn wir jetzt noch jede Menge Probleme an der Backe haben. Im Himmel, sagt man, tanzen die Engel. Und es ist größerer Jubel über einen einzigen Menschen, der umkehrt und seinen Sündenquatsch hinter sich lässt, „als über 99 Gerechte".

FRIEDE

Wo der Heilige Geist ist, da ist Frieden. Alle innere Unruhe hört auf. Die Traurigkeit sinkt ab. Die Angst schleicht sich davon. Du findest deine innere Balance, wirst von deinen Leidenschaften nicht wie ein Blatt im Wind herumgetrieben. Andere suchen deine Nähe und Freundschaft, weil du in Harmonie bist mit dir selbst und mit anderen Menschen, ja sogar mit Tieren. Der Friede in deinem Herzen macht dich total sympathisch.

LANGMUT

Wo der Heilige Geist ist, da ist Langmut. Langmut heißt: Du hast einen gaaanz langen Mut. Wo andere in den Sack hauen, holst du den Turbo raus. Strohfeuer war gestern. Wo du früher Luft hattest für 800 Meter, da läufst du jetzt Marathon. Rückschläge steckst du weg wie nichts. Der Heilige Geist macht dich zu einem Fighter, der niemals aufsteckt. Andere rätseln, woher du die Power hast. Du weißt es.

FREUNDLICHKEIT

Wo der Heilige Geist ist, da ist Freundlichkeit. Du hältst einer Frau die Tür auf. Du hilfst anderen bei den Haus-

→ 311

Was sind die Früchte des Heiligen Geistes?

→ Lk 15,1–7

99 Wenn der Friede Gottes einmal in dir Wurzeln geschlagen hat, dann wirst du diesen Frieden den Menschen bringen, und du wirst sie von ihrer Lebensangst und ihren Zweifeln heilen.
CHARBEL MAKHLOUF

99 Herr, gib mir die Kraft, alles zu tun, was du von mir verlangst. Dann verlange von mir, was du willst.
AUGUSTINUS

SANCTE SPIRITUS!

aufgaben. Du übst heimlich mit einem, der immer den Volleyball-Aufschlag verhaut. Mutter Teresa schärfte ihren Schwestern, die sich um die Sterbenden kümmerten, immer ein: „Es genügt nicht, dass ihr sie pflegt. ihr müsst es mit einem Lächeln tun!"

GÜTE

Wo der Heilige Geist ist, da ist Güte. Gott ist ganz gut. Das Gute zu tun, beamt uns in die Nähe Gottes. Wer immer wieder das Gute tut, wird automatisch „gütig" – nämlich gewohnheitsmäßig gut zu anderen. Du redest mit einem Penner, kaufst ihm eine Zeitschrift ab. Du hilfst einem Kind. Du sprichst einen Einsamen an. Du hörst einem alten Menschen lange zu. Du kümmerst dich um die Sorgen anderer. Gütig zu leben, ist der Lifestyle Gottes. In der Nähe eines gütigen Menschen kann man aufatmen und aufblühen.

" Der Mensch wird durch nichts anderes mehr gepackt als durch Liebe und Güte.
KATHARINA VON SIENA

TREUE

Wo der Heilige Geist ist, da ist Treue. Gott ist nicht mal so und mal so. Du kannst dich hundertprozentig auf ihn verlassen, auch wenn er deine Bitten manchmal anders erfüllt, als du dir es wünschst. Er ist dir treu, auch wenn du ihn und andere Menschen tausendmal verrätst. Der Heilige Geist hilft dir, dass dein Herz fest wird und du „treu bis in den Tod" wirst – ein wahres Abbild des treuen Gottes. Kennst du Saint-Exupérys Buch vom Kleinen Prinzen? Da steht ein wunderbarer Satz über die Treue: „Du bist zeitlebens für das verantwortlich, was du dir vertraut gemacht hast."

" Wenn dir etwas schwierig erscheint, dann denke daran, dass wir nicht dazu berufen sind, Erfolg zu haben, sondern treu zu sein.
MUTTER TERESA

SANFTMUT

Wo der Heilige Geist ist, da ist Sanftmut. Du wirst, sagt diese Frucht des Heiligen Geistes, Mut haben, aber sanften

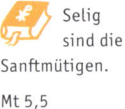

Selig sind die Sanftmütigen.

Mt 5,5

Mut, also einen Mut, der nicht gewalttätig ist und im Kampf für eine gute Sache mehr zerstört, als dass er aufbaut, heilt und etwas Schönes erschafft. Du wirst also Mut haben, aber in Verbindung mit Liebe und Geduld. In liebevoller Geduld etwas Großes vollbringen – das ist die Verwegenheit, die Gott gefällt. Jesus erlöste die Welt durch einen besondere Art von Kühnheit: Er ging den Weg der Gewaltlosigkeit bis zum Kreuz.

SELBSTBEHERRSCHUNG

Wo der Heilige Geist ist, da ist Selbstbeherrschung. Der Heilige Geist in dir bringt dich dazu, dass du ganz du selbst sein kannst. Du wirst nicht länger besessen sein von Dingen, die dich gefangennehmen, Menschen, die dich in Abhängigkeit brachten, Machthabern, die dich herumkommandieren. Du wirst nicht mehr von Gier getrieben sein, bist nicht mehr der Sklave deiner Leidenschaften. Du wirst frei sein, das zu tun, was du von Herzen gern tun möchtest: das Gute, wozu dich Gott erschaffen hat.

99 Bedroht sind wir nicht durch unsere Feinde, sondern durch uns selbst.
CHARLES DE FOUCAULD

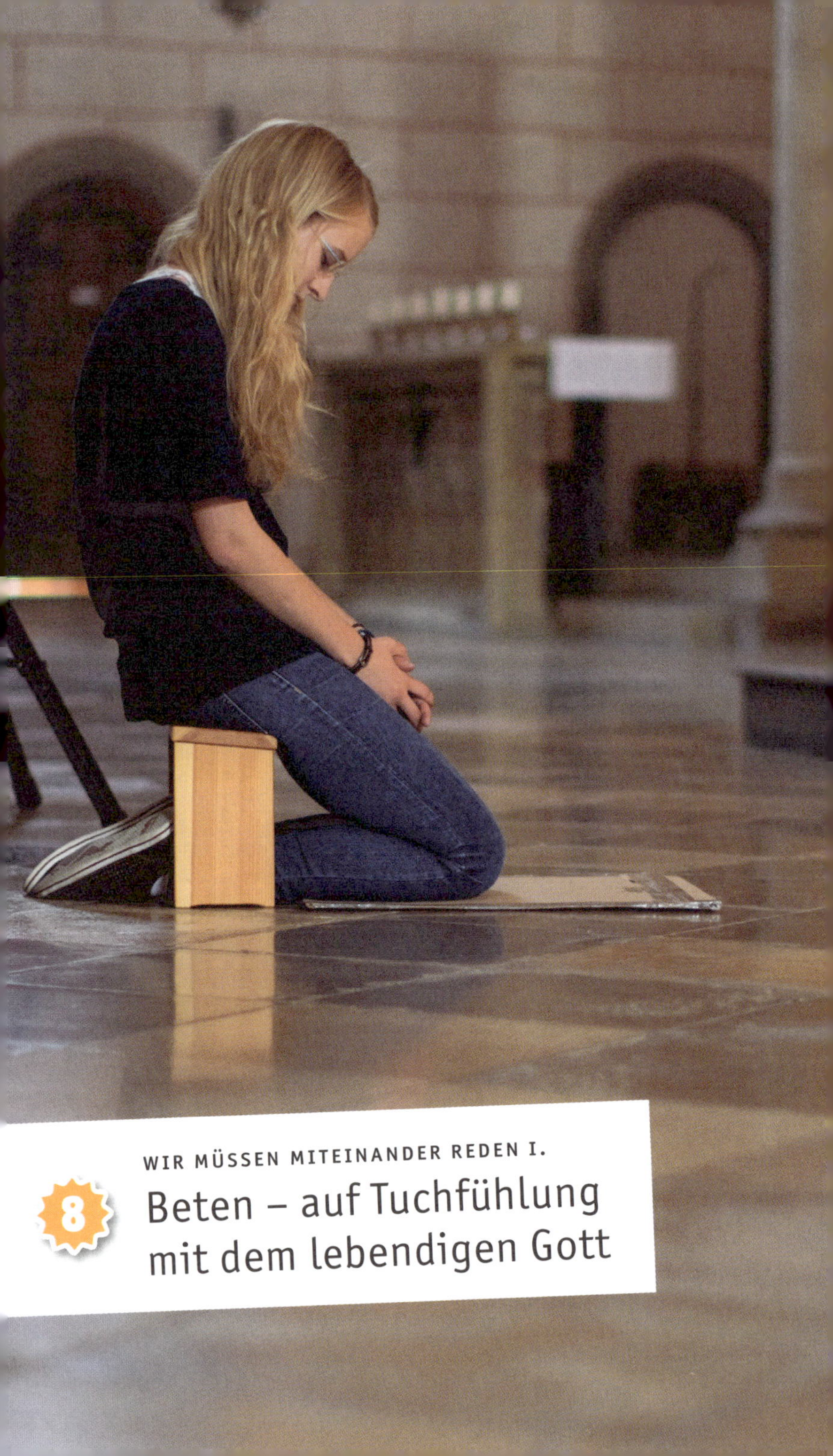

WIR MÜSSEN MITEINANDER REDEN I.

8 Beten – auf Tuchfühlung mit dem lebendigen Gott

Nach allem, was du bisher weißt, geht eines gar nicht: Christ-
sein ohne Beten. Das geht hundertpro in die Hose. Wie eine
Liebesgeschichte zwischen einem Jungen und einem Mädchen
nicht funktioniert, wenn die beiden sich niemals liebe Dinge
sagen, Zärtlichkeiten austauschen und immer neu füreinander
Interesse zeigen. Man kann auch nicht mit Gott leben, wenn
man nicht täglich seine Nähe sucht.

8.1 Was ist das Gebet?

Eine muss es wissen: die hl. Teresa von Ávila. Teresa
war eine leidenschaftliche und wilde Frau, gleichzeitig eine
Mystikerin (das meint: Gott sprach zu ihr besonders intensiv).
Sie gilt als die vielleicht größte Lehrerin des Gebets in der Kir-
che.
Und was sagt Teresa, was das Gebet ist?

> Das Gebet ist meiner Ansicht nach nichts anderes
> als ein Gespräch mit einem Freund, mit dem wir oft und
> gern allein zusammenkommen, um mit ihm zu reden, weil
> er uns liebt.

Von einer anderen großen Heiligen, Mutter Teresa von Kalkut-
ta, können wir lernen, wie man wirklich durchgängig mit Gott
in Verbindung bleibt.

8.2 Beten lernen von Mutter Teresa

Jetzt wirst du vielleicht sagen: Muss es gleich Mutter
Teresa sein – so eine große Heilige!? Ich gehe ja auch nicht
zum Weltmeister, wenn ich Schwimmen lernen will!

→ 469

Was ist das Gebet?

Aber du musst keine Angst haben. Mutter Teresa musste Beten
lernen wie du und ich. Und sie hat lange Zeiten in ihrem Leben
gehabt, in denen es ihr vorkam, als wäre Gott ganz, ganz weit
von ihr weg. Sie fühlte rein gar nichts. Aber eines hatte Mutter
Teresa verstanden: Wenn Gott mir ganz nahe ist, dann muss ich
unbedingt in Beziehung mit ihm leben. Er ist ja die Quelle meines Lebens. Nichts geht, ohne dass Gott es will. Und so suchte

sie Gott mit großer, unermüdlicher Leidenschaft. Hör mal, was sie zu sagen hat:

> Ich glaube, es gibt niemanden, der Gott so nötig hat, wie ich. Ich fühle mich so nutzlos und schwach. Weil ich mich nicht auf mich selbst verlassen kann, verlasse ich mich auf ihn, 24 Stunden am Tag. Mein Geheimnis ist einfach: Ich bete. Ich liebe das Beten. Der Drang zu beten ist immer in mir. Das Gebet erweitert das Herz, bis es bereit ist, Gottes Geschenk seiner selbst zu empfangen. Wir wollen so gerne richtig beten, aber dann scheitern wir. Wenn du besser beten willst, bete mehr. Wenn wir fähig sein wollen zu lieben, müssen wir beten.

Alle, die Mutter Teresa gekannt haben, bezeugen, dass sie eigentlich nur ganz wenige Sachen machte: Entweder lächelte sie und war den Menschen zugewandt. Oder sie arbeitete (pflegte einen Todkranken, tippte Briefe auf einer scheppernden Olympia-Schreibmaschine). Oder sie betete. Permanent glitten die Perlen des Rosenkranzes durch ihre Finger. Sie versuchte wirklich 24 Stunden am Tag mit Gott in Verbindung zu sein. ihr Vertrauen in Gott war unermesslich. Oft begann sie soziale Projekte ohne einen Cent. Sie betete und war überzeugt, dass Gott sie nicht im Stich lassen würde. Und er war da. Das Leben von Mutter Teresa ist voller Wunder: Plötzlich kam aus irgendeinem Winkel der Erde ein Scheck, der genau die Summe enthielt, die Mutter Teresa benötigte.

→ Lk 11,9–13

Verstehst du jetzt, warum man Schwimmen vielleicht doch beim Weltmeister lernen sollte? Wir werden vielleicht nie so große Beter wie Mutter Teresa werden. Aber wir sollten wissen, dass wirkliche Wunder möglich wären, wenn wir unser ganzes Herz auf Gott werfen würden.

Im YOUCAT lädt Papst Benedikt die Jugendlichen zum Gebet ein, er sagt:

> Ich lade euch ein, jeden Tag den Herrn zu suchen, der nichts anderes will, als dass ihr wirklich glücklich seid. Erhaltet zu ihm eine starke und dauerhafte Beziehung im Gebet aufrecht, und richtet nach Möglichkeit Momente in eurem Leben ein, in denen ihr nur seine Gesellschaft sucht. Wenn ihr nicht wisst, wie ihr beten sollt, dann bittet ihn, es euch zu lehren, und bittet seine himmlische Mutter, mit euch und für euch zu beten.

Kleine Gebetsschule für alle, die es wirklich wollen

Im YOUCAT Jugendgebetbuch findet sich eine „Kleine Gebetsschule", die sehr nützlich ist für alle Jugendlichen, die wirklich Ernst machen wollen mit einer lebendigen Beziehung zu Gott. Bert Brecht hat einmal gesagt: „Die Wahrheit ist konkret". Auch beim Beten zeigt sich, dass nur der wirklich Gott sucht, der konkrete Schritte mit sich vereinbart. Vielleicht hilft dir, dass du eine Notiz machst, was du dir genau vornimmst zu tun. Der Text lautet:

Entscheide dich.

Gott hat uns als freie Menschen gewollt und geschaffen. .... Wenn du es willst, entscheide dich, ein betender Mensch zu werden und deine Beziehung zu Gott zu gestalten. Entscheide bewusst: Dann und dann will ich beten. Triff die Entscheidung für das Morgengebet schon am Abend und für das Abendgebet schon am Morgen.

 → 499

Wann soll man beten?

Sei im Kleinen treu.

→ 510

Ist es möglich, immer zu beten?

Viele beginnen mit großen Vorsätzen zu beten. Nach einer Weile scheitern sie daran und glauben, sie könnten gar nicht beten. Beginne mit festen kurzen Gebetszeiten. Und die halte in Treue durch. Dann können deine Sehnsucht und auch dein Gebet wachsen, wie es dir, der Zeit und den Umständen gemäß ist.

Nimm dir Zeit zum Beten.

Beten heißt wach sein dafür, dass Gott mir zugewandt ist. Bei ihm brauchst du keine Audienzen zu beantragen. Für die Zeit des Gebetes gibt es drei Kriterien, die hilfreich sein können. Nimm eine feste Zeit (Gewohnheit hilft), eine ruhige Zeit (das sind oft der frühe Morgen und der Abend) und eine wertvolle Zeit, die du gerne hast, aber auch gerne wegschenken magst (keine „Abfallzeit").

Bereite dir einen Ort.

Der Ort, an dem du betest, wirkt sich auch auf dein Beten aus. Suche deshalb einen Ort, an dem du gut beten kannst. Für manchen wird das die Bettkante sein oder der Schreibtisch. Anderen hilft es, wenn sie einen bereiteten Ort haben, der sie erinnert und einlädt: Schemel oder Stuhl mit Kniebank, Teppich, Ikone, Kreuz oder Bild, Kerze, die Heilige Schrift, ein Gebetbuch.

Ritualisiere und strukturiere dein Gebetsleben.

Sich jedes Mal neu zum Gebet zu überwinden kann einen viel Kraft kosten. Gib deinem Beten eine feste Ordnung (einen Ritus). Diese soll dich nicht einengen, sondern dir helfen, nicht jeden Tag überlegen zu müssen, ob und wie du beten willst. Vor dem Gebet stelle dich bewusst in die Gegenwart Gottes; nach dem Gebet nimm dir noch einen Moment Zeit, um zu danken und dich unter Gottes Segen zu stellen.

Beten vollzieht sich nicht nur in Gedanken und Worten. Im Gebet darf sich der ganze Mensch mit Gott verbinden: dein Leib, deine innere und äußere Wahrnehmung, deine Erinnerung, dein Wollen, Denken und Fühlen oder der Traum der vergangenen Nacht. Manchmal geben dir auch die Zerstreuungen wichtige Auskunft darüber, was dich wirklich beschäftigt und bewegt und was du ausdrücklich vor Gott bringen und bei ihm lassen kannst. Zu Erledigendes, das dir während des Betens einfällt und das du nicht vergessen willst, kannst du auch aufschreiben und (danach) zum Beten zurückkehren.

Lass den ganzen Menschen beten.

Entdecke und übe die vielen Weisen des Gebetes, die je nach Zeit und eigener Verfassung und momentaner Situation anders sein können: das vorformulierte Gebet eines anderen Beters, in das ich einstimme; das persönliche Gebet in den eigenen Anliegen; das Beten mit einem Wort aus der Heiligen Schrift (z.B. den Lesungen des Tages); das Herzensgebet (oder Jesusgebet), bei dem ein kurzer Gebetsruf oder nur der Name Jesu mit jedem Atemzug wiederholt wird; das innere Gebet, in dem der ganze innere und äußere Mensch schweigt und hört ...

Bete auf vielfältige Weise.

→ 491

Kann man aus der Bibel beten lernen?

Du kannst auch die Gelegenheiten nutzen, die sich bieten, um zwischendurch zu beten (z.B. Stoßgebete, eine Bitte, ein kurzer Dank oder Lobpreis): die Wartezeit, die Fahrt im Bus, im Zug oder im Auto (nicht gleich die Musik anmachen), die Freistunde, die Kapelle oder Kirche am täglichen Fußweg. Lass die Gelegenheiten, die du zum Beten hast, zu Einladungen werden, dich immer wieder neu mit Gott zu verbinden.

Nutze die Gelegenheiten.

→ 498

Kann man überall beten?

Lass Gott zu Wort kommen.

Beten bedeutet auch, auf die Stimme Gottes zu hören. Gott spricht am ausdrücklichsten in den Worten der Heiligen Schrift, die die Kirche Tag für Tag liest. Er spricht durch die Heiligen. Aber er spricht auch – oft verborgen – im Herzen eines jeden Menschen, z.B. im Urteil deines Gewissens oder durch eine innere Freude. Das Wort Gottes in der Schrift macht das Wort Gottes im Herzen hörbar und verleiht ihm eine Stimme. Lass Gott in deinem Beten zu Wort kommen. Mache dich vertraut mit ihm, damit du seine Stimme von den vielen Stimmen unterscheiden und seinen Willen erkennen lernst.

Bete mit der irdischen und der himmlischen Kirche.

→ 492

Hat mein persönliches Beten etwas mit dem Beten der Kirche zu tun?

Wer betet, stellt sich – sei es allein oder mit anderen – in die große Gemeinschaft der Betenden hinein. Sie reicht von der Erde bis in den Himmel und schließt die heute Lebenden wie auch die Engel, die Heiligen und die unbekannte Schar der bei Gott Lebenden ein. Beten bedeutet auch, mit- und füreinander zu beten. Daher ist es gut, nicht bloß für sich allein zu beten, sondern wo es möglich ist, auch mit anderen: mit der Familie, mit Freunden, mit deiner Gemeinde. Und mit den Heiligen. Du darfst sie um ihr Gebet bitten. Denn die Gebetssolidarität der Menschen vor Gott hört mit dem Tod nicht auf.

8.4 Die beiden wichtigsten Gebete der Welt

Die beiden wichtigsten Gebete der Welt sind das **„Vaterunser"** und das **„Gegrüßet seist du, Maria".** Das „Vaterunser", weil uns Jesus selbst diese Worte in den Mund legt – und das „Gegrüßet seist du, Maria", weil es mit den Worten beginnt, mit denen Gottes Engel die Menschwerdung Christi verkündete. Es sollte keinen Tag geben, an dem du nicht in den Schuhen dieser Gebete gehst – ein Leben lang.

Aber bete sie nicht gedankenlos herunter, sondern meditiere immer wieder, was sie bedeuten. Hier ist einmal der Versuch, die beiden Gebete in eine neue Sprache zu übersetzen – nur zur Meditation, nicht zum wirklichen Gebet. Theologen werden an unserer Übersetzung manches auszusetzen haben. Es ist aber wichtig, dass auch ihr mit eurem Priester oder Katecheten versucht, in den Sinn der Worte einzudringen, die euch ein Leben lang begleiten. Und ihr müsst mit dem Herzen an diese Gebete herankommen.

 → 491

Was heißt von Jesus beten lernen?

Das Vaterunser

→ 511–527
Wie lautet das Vaterunser?

Vater unser im Himmel,

> Unsichtbarer Vater aller Menschen,

geheiligt werde dein Name.

> wir wollen deine Größe preisen,

Dein Reich komme.

> dein neues Leben zeige sich überall!

Dein Wille geschehe, wie im Himmel so auf Erden.

> Deine Wünsche sollen es sein, die sich überall durchsetzen,
> im Sichtbaren und Unsichtbaren!

Unser tägliches Brot gib uns heute.

> Gib uns, was wir Tag für Tag zum Leben brauchen.

Und vergib uns unsere Schuld,

> Behandle uns nicht nach dem, was wir angerichtet haben;
> schenk uns einen neuen Anfang,

wie auch wir vergeben unsern Schuldigern.

> wie auch wir denen eine neue Chance geben,
> die uns etwas angetan haben;

Und führe uns nicht in Versuchung,

> und lass uns in der Versuchung nicht allein,

sondern erlöse uns von dem Bösen.

> sondern befreie uns vom Bösen.

**[Denn dein ist das Reich und die Kraft
und die Herrlichkeit in Ewigkeit.**

> Denn bei dir ist alles, so wie es sein soll; du kannst alles!
> Bei dir hört die Freude niemals auf.]

Amen.

> Ja, das stimmt.

Beten kann man...

...im Stehen ...im Sitzen ...im Knien ...und im Sich-Niederwerfen

Mehr hier:

→ 486

Das Gegrüßet seist du, Maria

Gegrüßet seist du, Maria,
voll der Gnade,
der Herr ist mit dir.
Du bist gebenedeit unter den Frauen,
und gebenedeit ist
die Frucht deines Leibes,

Jesus.

Heilige Maria,
Mutter Gottes,
bitte für uns Sünder
jetzt
und in der Stunde unseres Todes.

Amen.

Hi, Maria!
Du bist voll von göttlicher Power.
Gott ist mit dir.
Auf dir liegt mehr Segen
als auf allen Frauen der Welt;
Segen ist, was deinen Leib erfüllt:

Jesus.

Heilige Maria,
Mutter des menschgewordenen Gottes,
bitte für uns Versager vor Gott,
in diesem Moment
und dann, wenn wir sterben.

Ja. So sei es.

→ 480

Wie lautet das Ave-Maria?

ALTE FRAU MIT VIELEN RUNZELN

9 Die Kirche – Heimat für dich und mich

Viele Leute schimpfen ohne Ende über die Kirche. Sie legen richtige Sammlungen darüber an, was die Kirche schon alles angestellt hat in den 2000 Jahren ihres Bestehens und welche Skandale es in der Kirche gibt. Vielfach sind es Menschen, die getauft sind, also selbst zur Kirche gehören. Der berühmte Theologe Karl Rahner (1904–1984) hat ihnen einmal entgegengehalten: *„Die Kirche ist eine alte Frau mit vielen Runzeln und Falten. Aber sie ist* meine *Mutter. Und eine Mutter schlägt man nicht."* Ja, er hat recht: Die Kirche ist unsere Mutter. Sie hat uns das neue Leben geschenkt; sie nährt uns mit dem Wort Gottes und den Sakramenten. Ohne die Kirche hätten wir alle keinen Glauben. Wir würden noch immer im Dunkeln herumtappen und müssten uns selbst erlösen – was nicht geht.

→ 121
Was bedeutet „Kirche"?

9.1 Die Kirche ist kein Club der Vollkommenen

Ja, es stimmt, die Skandale der Kirche sind und bleiben eine Schande und ein wirkliches Ärgernis. Dennoch sind sie kein zufällig aufgetretener Webfehler, den man mit ein bisschen Goodwill aus der Welt schaffen könnte. Bernhard Meuser schreibt in seinem Buch *Christ sein für Einsteiger*:

→ 347
Warum ist Doppelmoral so ein schwerwiegender Vorwurf gegen Christen?

→ 343
Wie hilft uns die Kirche, ein gutes und verantwortungsvolles Leben zu führen?

„Schon Jesus ließ sich mit normalen bis gefährlichen Leuten ein, auf Augenhöhe mit dem Halbweltgeschöpf Maria Magdalena, dem Zollschinder Zachäus, mit einer ertappten Ehebrecherin, mit schlimmen Leuten wie Judas, seinem späteren Verräter, mit Petrus, der ihn verleugnete, ehe der Hahn dreimal krähte. Wenn zur Kirche nur Sauberfrauen und Saubermänner gehören dürften, wäre sie wahrscheinlich leer. Zumindest ich hätte keine Chance, in ihr jemals ein Plätzchen zu finden: Ich kenne mich, mir ist alles zuzutrauen. Die konkrete Kirche ... ist kein Club der Vollkommenen, sondern sie ist nach Jesu Willen ein Ort für die langsame Veränderung von ganz normalen Menschen. Menschen, die auch einmal in den Sack hauen, die allerhand auf dem Kerbholz haben, die es dringend brauchen, dass sie beim Wickel gepackt und verbessert

→ Mk 2,17

werden. Erfreulicherweise hat Jesus uns versichert: ‚Nicht die Gesunden brauchen den Arzt, sondern die Kranken. Ich bin gekommen, um die Sünder zu rufen, nicht die Gerechten' ... Wir sind ja alle ein bisschen gehandicapt: Der eine hat es mit dem Geld, der andere mit der Wahrheit, der dritte mit dem Sex, der vierte ist ein unsicherer Kantonist, der fünfte ist ein Sturkopf und der sechste bin ich. Wir schreiten nicht im Triumphmarsch daher. Wir hinken, humpeln, schleichen uns voran. Aber wir gehen. Und das gemeinsam. Das ist die Kirche, in der es mir gefällt."

99 Maria ist Mutter und Urbild der Kirche. BENEDIKT XVI.

9.2 Wenn du das Geheimnis der Kirche verstehen willst

Wenn du das innerste Geheimnis der Kirche verstehen willst, dann schau dir dieses Bild einmal an:

Auf den ersten Blick ist es ein Marienbild. Aber Maria gilt seit den ältesten Zeiten als „Mutter der Kirche". Warum? Ihr Leib war die erste Wohnung des menschgewordenen Gottessohns. Mehr noch: Jesus war der ganze Lebensinhalt von Maria. Sie war um ihn; er war in ihr. Genauso muss die Kirche sein: Ein Ort, in dem der **AUFERSTANDENE** heute wirken kann. Ein Ort vollkommener Liebe und Bereitschaft: „Mir geschehe nach deinem Wort", hatte Maria gesagt, als der Engel bei ihr anklopfte. Gott suchte einen Ort, um in der Welt zu sein. Gott suchte nicht nur damals einen Ort, in dem Jesus sein Leben führen konnte. Er sucht ihn auch heute bei dir und mir.

Die Kirche hat keinen anderen Lebensinhalt als Jesus selbst. Wir müssen nur da sein – um Jesus herum – und ihn wirken lassen. Dann sind wir Kirche. Im Lukasevangelium sagt Jesus einmal: „Meine Mutter und meine Brüder sind die, die das Wort Gottes hören und danach handeln" (Lk 8,21). „Die Kirche", sagt Papst Benedikt XVI., „ist Gottes Familie in der Welt."

Die Kirche ist also erst einmal der lebendige Jesus, der heute bei uns lebt – und dann erst kommt seine „Familie", kommen wir Unvollkommenen, wir Gehandicapten, wir Sünder, die mit

> **"** Ihr selbst seid der Leib Christi, die Kirche! Bringt das unverbrauchte Feuer eurer Liebe in die Kirche ein, sooft Menschen ihr Antlitz auch entstellt haben!
>
> BENEDIKT XVI.,
> Vorwort YOUCAT

Jesus zusammen „ein Leib" sein dürfen. Und jetzt kannst du vielleicht besser verstehen, wenn es heißt:

9.3 Ihr seid der Leib Christi

Jesus hat sich so tief auf uns eingelassen, dass wir mit ihm gewissermaßen „ein Leib" mit ihm sind. Das bezeugt die Heilige Schrift an vielen Stellen. Der hl. Augustinus (350–430) hat ein tiefes Wort über das gesagt, was passiert, wenn wir die

→ 126

Was heißt: „Die Kirche ist der Leib Christi"?

heilige Kommunion empfangen: „Empfangt, was ihr seid: Leib Christi, damit ihr werdet, was ihr empfangt: Leib Christi."

Schau dir die Leute in deiner Gruppe an. Sie sind Brüder und Schwestern von dir! Wow, ihr seid gewissermaßen „ein Leib". Sie sind wie ein Teil von euch! Der Glaube an Jesus verbindet euch tiefer, als ihr mit Vater und Mutter oder Euren leiblichen Geschwistern verbunden seid.

→ 1 Kor 12,12–28

Die wichtigste Bibelstelle über die Kirche als „Leib Christi" stammt aus dem 1. Korintherbrief. Lies sie genau und versuche herauszufinden …

- 🔥 was du von anderen Gliedern des Leibes Christi empfängst
- 🔥 und welche Rolle du im Leib Christi spielen könntest.
- 🔥 Was sind deine besonderen Gaben?
- 🔥 Wofür brauchen dich deine Schwestern und Brüder?

9.4 Ihr seid der Tempel des Heiligen Geistes

Ein anderes wichtiges Bild für die Kirche ist „Tempel des Heiligen Geistes". Das Wort „Tempel" meint so viel wie „heiliger Raum". Gott ist zwar überall präsent, aber es ist oft schwer zu unterscheiden, wo wir es mit etwas Göttlichem oder mit etwas bloß Menschlichem zu tun haben.

→ 128

Was heißt: „Die Kirche ist der Tempel des Heiligen Geistes"?

Es ist faszinierend, wenn wir in der Heiligen Schrift lesen, dass Gott wirklich unter uns „wohnen" will. Es Gott „wohnlich" bei uns zu machen, ist deine und meine Aufgabe.

→ 2 Kor 6,16
Eph 2,20–22

Wir sind es aber nicht selber, die einen Tempel bauen sollen. Da haben viele mitgearbeitet. Zuletzt ist es der Heilige Geist, der Tag und Nacht an der Wohnung Gottes unter uns baut.

9.5 Ihr seid das Volk Gottes

Auf dem Zweiten Vatikanischen Konzil (1962–1965) hat man ein uraltes biblisches Bild von der Kirche zu neuem Leben erweckt, das Bild vom „Volk Gottes", das „zwischen den Verfolgungen der Welt und den Tröstungen Gottes auf ihrem Pilgerweg" dahinschreitet. Mit dem Volk Gottes war zunächst das Volk Israel gemeint, mit dem Gott eine lange Geschichte hat. Mit Jesus Christus sind nun Menschen aus allen Völkern und Kulturen auf den Weg zu Gott gerufen.

→ 125

Was ist das Einzigartige am Volk Gottes?

Diese wunderbare Botschaft erläutert der 1. Petrusbrief.

→ 1 Petr 2,7–10

9.6 Ein bisschen Organisation

Wenn man heute die Kirche betrachtet, ist man fast erschlagen von dem, was in 2000 Jahren aus ihr geworden ist. Man könnte fast den Überblick verlieren.

- Manchmal betrachten wir die riesige *Institution*, sehen Kathedrale und Dome, Verwaltungsapparate, Ämter und soziale Einrichtungen.
- Dann wieder betrachten wir die *geistliche Wirklichkeit* der Kirche, hören von Berufung und sehen Menschen, die beten oder ihr Leben sogar ganz Gott schenken.

Beide Wirklichkeiten gehören zusammen: das **GEISTLICHE** und die **INSTITUTION.** Ohne die Institution könnte die Kirche in der Welt nicht bestehen; sie braucht Geld, um helfen zu können, Räume, um sich zu treffen, und Menschen, die einen bestimmten Auftrag haben. Aber das Ganze wäre nur ein toter, geistloser Apparat, wenn das **GEISTLICHE** – Gottes lebendige Wirklichkeit im Heiligen Geist – nicht das Herz der Kirche wäre. Wenn du wissen willst, wie die Kirche aufgebaut ist, lies nach im YOUCAT.

→ 138

Wie ist die eine, heilige, katholische und apostolische Kirche aufgebaut?

Und wozu das Ganze?

Die Kirche ist kein Selbstzweck. Gott hat nicht die geringste Freude an ihr, wenn sie nur um sich selbst kreist. Er hat sie um der Menschen willen eingerichtet. Sie soll „Zeichen und Werkzeug für die innigste Vereinigung mit Gott wie für die Einheit der ganzen Menschheit" (Zweites Vatikanisches Konzil) sein.

Ganz bei der Sache ist die Kirche, wenn sie drei grundlegende Aufgaben erfüllt:

Sie muss das Wort Gottes verkündigen.

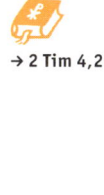

→ 2 Tim 4,2

Sie muss die Sakramente spenden und Gottesdienst feiern.

→ 123

Was ist die Aufgabe der Kirche?

Sie muss den Menschen durch Liebe dienen.

→ Mt 25,40

WAS FÜR EIN GESCHENK!

10 Eucharistie – von der Großzügigkeit Gottes

Manche Jugendliche gehen nur ungern in die heilige Messe. Einige sagen: „Da ist die falsche Musik und da sind die falschen Leute!" Andere sagen einfach: „Da ist mir total langweilig." Und sie bleiben lieber im Bett liegen, zumal viele Eltern selbst nicht die heilige Messe besuchen. Lies im YOUCAT doch einmal die „Kusspflicht" nach!

→ 219

Wie häufig muss ein katholischer Christ an der Eucharistiefeier teilnehmen?

mich nicht wasche

Gründe warum ich ~~nicht in die Kirche gehe~~

1. Als Kind wurde ich zum Waschen gezwungen.
2. Leute, die sich ständig waschen, sind doch bloß Heuchler, die meinen, sie seien sauberer als andere.
3. Es gibt so viele verschiedene Sorten von Seife. Wie soll ich da wissen, welche die richtige für mich ist?
4. Die Wasserwerke sind doch alle bloß hinter unserem Geld her.
5. Ich hab es mal mit dem Waschen versucht, aber es war immer langweilig und ständig dasselbe.
6. Im Badezimmer ist es immer so kalt und so steril.
7. Ich wasche mich doch schon an Weihnachten und Ostern. Das muss reichen!
8. Keiner meiner Freunde findet Waschen nötig.
9. Ich habe nun wirklich keine Zeit zum Waschen.
10. Vielleicht wasche ich mich mal, wenn ich älter bin.

→ 345

Wie lauten die fünf Gebote der Kirche?

Man muss also sehr gute Argumente haben, wenn man diesen Termin auf der Prioritätenliste ganz oben ansetzt.

In der Eucharistiefeier macht uns Gott das größte Geschenk der Welt. Er schenkt sich selbst. Dir und mir.

 Was ich habe und besitze, hast du mir geschenkt.
IGNATIUS VON LOYOLA

Wir Menschen tun uns oft extrem schwer mit Schenken und Beschenktwerden. Manche Geschenke grenzen an Erpressung. Und oft ist ein Geschenk ein „Ding", das jemand loswerden wollte; er hat eine Schleife drum gemacht und es mir geschenkt. Nun stehe ich da mit dem Mist. Deshalb gibt es Leute, die sich nur ungern beschenken lassen. Sie sagen: „Lieber kaufe ich mir was! Dann weiß ich, was ich habe und bin niemand verpflichtet!", oder: „Ich möchte niemand Danke sagen müssen."

Frag dich mal, ob du in einer Welt leben möchtest, in der es alles nur gegen Geld gibt oder weil du ein Recht auf eine bestimmte Sache hast. Wäre das schön, wenn dir niemand mehr etwas schenken würde? Würde dich das glücklich machen, wenn du dir für niemand mehr etwas Liebes ausdenken dürftest? Das Wort „Danke" könntest du aus deinem Wortschatz streichen.

Eine solche Welt wäre der Horror. Es wäre nicht nur einen kalte und unmenschliche Welt – es wäre auch eine atheistische (= gottlose) Welt.

→ 1 Kor 4,7

Denn Gott kann nur schenken. Er hat die Welt in Freiheit und aus Liebe erschaffen. Er hat dir und mir das Leben geschenkt. Er schenkt uns jeden Tag seine Nähe. Würde Gott uns nichts mehr schenken, wir wären verloren. Wir leben von seinen Geschenken, seinem Segen. Das haben Menschen immer gewusst.

 Kleine Geschenke erhalten die Freundschaft?
Wir brauchen Segen: Wenn das Wetter nicht stimmt, ist die Ernte schlecht, Hunger zieht ein in die Stadt. Aber nicht nur das: Menschen können von Feinden bedroht werden. Seuchen und Krankheiten können wüten. Deshalb hat man in

fast allen Völkern und Kulturen Gott (oder den Göttern) Opfer dargebracht. Man hat sich gesagt: Kann ja nicht schaden, wenn man sich mit den „höheren Mächten" ein bisschen gut stellt. So hat man von dem genommen, was besonders kostbar war – ein Teil der Ernte, oft die „Erstlingsfrüchte", junge Weidetiere – und hat sie Gott dargebracht. Die Azteken (und sie waren nicht die einzigen) brachten dem Sonnengott sogar Menschenopfer dar. Sie sahen, wie der gewaltige, blutrote Feuerball hinter den Bergen unterging – und sie fürchteten, die göttliche Sonne könnte nicht wieder aufgehen, wenn sie nicht mit Blut genährt würde.

> Dich sucht Gott mehr als deine Opfergabe.
> AUGUSTINUS

So konnten Opfer ...

 einerseits ein schönes Zeichen der Dankbarkeit für den Leben erhaltenden und Segen spendenden Gott sein,

 sie konnten andererseits aber auch der verzweifelte Bestechungsversuch sein, mit dem man eine grausame Fratze namens „Gott" bei Laune zu halten hoffte.

10.2 Gott – ein Meister des Schenkens

Gott ist kein Schenker, der eifersüchtig darauf lauert, dass er zurückgeschenkt bekommt. Das einzige, was Gott von uns will, ist unser Herz und unsere Dankbarkeit.

Gott ist der uneigennützigste Schenker der Welt. Und der großzügigste. Der YOUCAT sagt: „Gott gibt nie weniger als sich selbst" (Frage 338). Das größte Geschenk Gottes ist Jesus. Und die Geschichte, in der sich Jesus selbst zum Geschenk für dich und mich machte, nennen wir „Eucharistie".

„Eucharistie (griech. = Danksagung)", sagt der YOUCAT, „hieß ursprünglich ein Danksagungsgebet, das im Gottesdienst der Urkirche der Wandlung von Brot und Wein in Christi Leib und Blut vorausging. Später übertrug man das Wort auf die gesamte heilige Messe" (YOUCAT, S. 122).

→ Ps 51,19

→ 208
Was ist die heilige Eucharistie?

→ S. 122

Wenn wir „Eucharistie" feiern, dann ist das die große Danksagung der Schöpfung an Gott. Während der heiligen Messe hören wir jedes Mal: *„In Wahrheit ist es würdig und recht, dir, heiliger Vater, allmächtiger, ewiger Gott, immer und überall zu danken durch unseren Herrn Jesus Christus ..."*

Von der Erde steigt ein einziger großer Jubel zu Gott auf. Jesus ist die Mitte dieses Jubels – er, der uns sein Leben schenkt und die erlöste Schöpfung wieder Gott zuwendet.

10.3 Wie Jesus sich an uns verschenkte

Die Geschichte begann eigentlich damit, dass Jesus sich aufmachte, um mit seinen Jüngern in Jerusalem das Paschafest und das Paschamahl zu feiern. Das war nicht Ungewöhnliches: Alle jüdischen Familien, die es sich leisten konnten, zogen zum Paschafest nach Jerusalem, um in einer Feier an die berühmte EXODUS-Nacht zu erinnern, in der Israel aus der ägyptischen Sklaverei befreit wurde.

→ Ex 12

Rückblende:

In jener Nacht hatten die Israeliten den Befehl erhalten, ein einjähriges, makelloses Lamm zu schlachten und mit dem Blut die Türpfosten zu bestreichen. Wo der Todesengel das Blutzeichen vorfand, würde er vorübergehen.

Es gab zur Zeit Jesu genaue Vorschriften, wie man ein solches feierliches Paschamahl zu halten hatte. Der Hausvater oder das Oberhaupt der Sippe spielte dabei eine wichtige Rolle. Stellen wir uns Jesus in dieser Rolle vor:

 → 99

Was geschah beim Letzten Abendmahl?

- 🔥 Der Chef musste eine „Eucharistie" sprechen: ein Danksagungsgebet an den „König der Welt, der das Brot aus der Erde hervorgebracht hat".
- 🔥 Dann musste er einen besonderen Kelch mit Wein segnen und dabei dem Herrn danken, „der die Frucht des Weinstocks geschaffen hat".
- 🔥 Er musste ein einjähriges, fehlerfreies Lamm opfern.
- 🔥 Dieses Lamm musste zu einer genau festgelegten Stunde geschlachtet werden ...
- 🔥 und zwar im Tempel zu Jerusalem.
- 🔥 Die Stunde der Schlachtung war: Karfreitag, 15.00 Uhr.

Lies jetzt die Schilderung, die der Evangelist Lukas von dem Mahl gibt, das Jesus mit den Aposteln in Jerusalem abhielt.

 → Lk 22,14–20

Der Evangelist Johannes betont, dass das Mahl einen Tag vor dem Paschafest stattgefunden hat. Wenn du die Vorschriften mit dem Bericht bei Lukas und dem Hinweis von Johannes vergleichst, fallen dir dann die fünf „Fehler" Jesu auf? Was hat er falsch gemacht?

→ 209

Wann hat Christus
die Eucharistie
eingesetzt?

10.4 Die fünf „Fehler" Jesu

Natürlich hat Jesus nichts „falsch" gemacht. Aber wenn man die fünf Veränderungen entdeckt, ahnt man, worin das Geschenk besteht, das uns Jesus im Abendmahlssaal und in seinem Sterben bereitete:

💧 Die **erste** Veränderung besteht im Zeitpunkt. Jesus feierte das Paschamahl genau einen Tag früher als alle anderen. Das ist, wie wenn man Neujahr an Silvester begeht. Warum feierte es Jesus an dem Tag, den wir heute „Gründonnerstag" nennen? Nun, am Karfreitag vergoss er sein Blut für uns draußen vor der Stadt am Kreuz – gegen 15.00 Uhr, um präzise zu sein. Zur selben Zeit, als der Tempel von Jerusalem in Blut schwamm, weil Tausende und Abertausende von Lämmern geopfert wurden. Jesus wollte damit sagen: Ich bin das eine Opfer, das Himmel und Erde miteinander versöhnt.

→ Joh 1,29

💧 Die **zweite** Veränderung steht nicht ausdrücklich im Text, aber man kann sie auf vielen Bildern des Letzten Abendmahles sehen: Jesus feiert zwar mit Brot und Wein. Aber es ist kein Lamm da. Pascha ohne Lamm – das geht gar nicht. Es sei denn, Jesus ist selbst das Lamm. Hatte nicht Johannes der Täufer, als er Jesus das erste Mal sah, gesagt: „Seht,

das Lamm Gottes, das die Sünde der Welt hinwegnimmt"?
Und welche Weissagung kannte jeder Jude vom Propheten
Jesaja? „Er wurde misshandelt und niedergedrückt, aber
er tat seinen Mund nicht auf. Wie ein Lamm, das man zum
Schlachten führt, und wie ein Schaf angesichts seiner Sche-
rer, so tat auch er seinen Mund nicht auf".

→ Jes 53,7

→ 210

Wie hat Christus
die Eucharistie
eingesetzt?

🔥 Die **dritte** Veränderung besteht darin, wie Jesus mit Brot
und Wein umging. Vom Brot sagte er: „Das ist mein Leib."
Und vom Wein sagte er: „Das ist mein Blut." Seither geschieht diese Wandlung in jeder heiligen Messe. Es geht um
Verwandlung überhaupt, Verwandlung der ganzen Schöpfung, auch um meine Verwandlung aus einem sterblichen,
sündigen Wesen in ein Wesen, das nicht mehr stirbt. Aber
warum beginnt sie mit Brot? Weil Jesus das neue Manna in
der Wüste sein wollte (die „Speise zum ewigen Leben"), mit
der man den Tod überleben kann. Und warum mit Wein? „Ich
bin der wahre Weinstock, ihr seid die Reben", hatte Jesus
einmal gesagt. „Wer in mir bleibt und in wem ich bleibe,
der bringt reiche Frucht; denn getrennt von mir könnt ihr
nichts vollbringen" (Joh 15,5). Sein Blut soll wie beleben-
der Wein in unseren Adern pochen. „Wir selber sollen", sagt
Papst Benedikt XVI., „Leib Christi werden, blutsverwandt
mit ihm."

99 Die Teilnah-
me am Leib und
Blut Christi will
nichts anderes, als
dass wir uns in das
verwandeln, was
wir empfangen.
LEO DER GROSSE

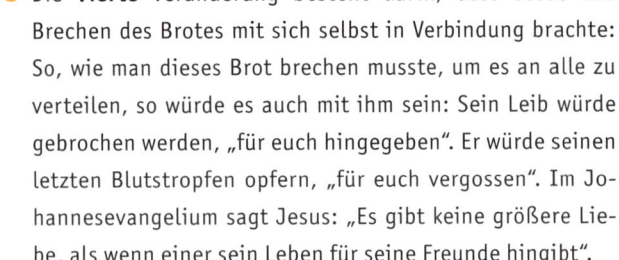

🔥 Die **vierte** Veränderung besteht darin, dass Jesus das Brechen des Brotes mit sich selbst in Verbindung brachte: So, wie man dieses Brot brechen musste, um es an alle zu verteilen, so würde es auch mit ihm sein: Sein Leib würde gebrochen werden, „für euch hingegeben". Er würde seinen letzten Blutstropfen opfern, „für euch vergossen". Im Johannesevangelium sagt Jesus: „Es gibt keine größere Liebe, als wenn einer sein Leben für seine Freunde hingibt".

→ Joh 15,13

🔥 Die **fünfte** Veränderung besteht darin, dass Jesus das Paschamahl sprengte, indem er sagte: „Tut dies zu meinem Gedächtnis!" Das Paschamahl der Juden war ein heiliges Gedächtnis an Gott, den Befreier aus Ägypten. Nun setzte sich Jesus entweder an Gottes Stelle (und beging damit in jüdischen Augen ein todeswürdiges Verbrechen) oder er war Gottes Sohn, der zu einer noch größeren Befreiungstat ansetzte, als es der Auszug aus Ägypten je war: Er starb, damit wir das Leben haben.

So wurde aus dem Paschamahl Jesu der Kern der heiligen Messe, in der Jesus sich immer neu an uns verschenkt.

10.5 Was haben wir denn davon?

Eine beliebte Frage bei Geschenken lautet: „Was habe ich denn davon?" Bezüglich der Eucharistie gibt der YOUCAT darauf eine gute Antwort.

→ 217

Was geschieht mit der Kirche, wenn sie Eucharistie feiert?

Vor kurzem wurde ein Priester von Jugendlichen gefragt, ob er eine ganz einfache Erklärung für die Eucharistie hätte. „Ja, die habe ich", sagte der Priester. „Es ist wie bei der Ehe. Das Tiefste, was die beiden tun können: Sie schenken sich ihren Leib und ihre Leiden. Und vielleicht sind es die Leiden, die sie miteinander und füreinander ausgehalten haben, die sie am tiefsten verbinden. In der Eucharistie ist es genauso. Da sagt Jesus zu mir: Ich schenke dir meinen Leib – das ist mein Leben – und ich schenke dir meine Leiden. Und ich sage zu Jesus: So will auch ich dir mein Leben und meine Leiden schenken!" Die Jugendlichen schauten sehr nachdenklich. Und der Priester sagte noch: „So halte ich es jeden Tag, an dem ich die heilige Messe feiere".

10.6 Eine Schmugglergeschichte

Im Jahr 2011 wurde Johannes Prassek, ein Lübecker Kaplan, seliggesprochen, der von den Nazis wegen „landesverräterischer Feindbegünstigung" hingerichtet worden war. In der monatelangen Gefangenschaft vermisste er nichts so sehr wie die Eucharistie. Endlich wagte es ein mutiger Mensch, zusammen mit Lebensmitteln auch ein paar Hostien und etwas Wein zu dem jungen Priester ins Gefängnis zu schmuggeln. „Wenn Sie wüssten", schrieb Kaplan Prassek daraufhin heimlich zurück, „wie ich mich gefreut habe! Über das Essen, ja; aber erst über Hostien und Wein. Ich habe geheult wie ein kleines Kind vor Freude. Jetzt feiere ich jeden Morgen hier die heilige Messe, so einfach, wie es selbst in den Katakomben wohl nicht einfacher ging: ein Salznäpfchen ist der Kelch, ein Taschentuch das Korporale (= Kelchtuch). Nur ein paar Tropfen Wein und ein kleines Stückchen Hostie, damit beides für viele Male reicht. Ich danke Ihnen, dass Sie den Mut hatten, an so etwas zu denken."

Johannes Prassek ging dem Tod entgegen, aber er hatte ein Mittel gegen den Tod und die Angst: das „Brot des Lebens", Jesus.

" Der Herr verlangt von uns keine großen Taten, sondern nur Hingabe und Dankbarkeit. Er braucht unsere Werke nicht, sondern allein unsere Liebe.

THERESE VON LISIEUX

" Wer die heilige Eucharistie empfängt, verliert sich in Gott wie ein Wassertropfen im Ozean. Man kann sie nicht mehr voneinander trennen. Wenn nach der Kommunion uns jemand mit der Frage überraschte: „Was tragt ihr mit euch nach Hause?", so könnten wir antworten: „Wir tragen den Himmel mit uns fort."

JOHANNES MARIA VIANNEY
Pfarrer von Ars

WIR MÜSSEN MITEINANDER REDEN II.

11 Update! Beichten!

Du kannst dir denken, was passiert, wenn du monatelang keine Updates auf deinem Computer machst. Irgendwann stottert dein Betriebssystem. Oder es entstehen schlimme Sicherheitslücken. Die Firewall funktioniert nicht mehr. Viren und Trojaner können ihr Unwesen auf deinem PC treiben – und am Ende sind deine ganzen Daten hinüber.

„Ich brauche keine Vergebung und schon gar keine Beichte" – das ist ungefähr so blöd, wie zu sagen: „Ich brauche keine Updates. Meine Software läuft auch so."

Gott – so könnte man sagen – hat dich geschaffen wie eine wunderbare Software. Zu dieser Software gehören aber auch regelmäßige Updates. Wenn du diese Updates nicht nutzt, dann geht auch das beste System mit der Zeit kaputt. Die **BEICHTE** – man nennt sie auch das „Sakrament der Versöhnung" – ist das große Update-Angebot Gottes.

 ### 11.1 Was dich kaputtmacht

Was dich kaputtmacht ist die Sünde. Sünde ist nicht nur das Böse, das wir tun, sondern auch das Gute, das wir nicht tun. Sünde ist also nicht nur der Zorn, die Lieblosigkeit, der Neid, die kleinen Schummeleien, die wir begehen. Sünde ist auch, dass wir hätten helfen können und nicht geholfen haben. Dass wir Talente haben und zu faul waren, mit ihnen zu arbeiten. Dass wir einer gerechten Sache zum Sieg hätten verhelfen können und stattdessen einfach feige abgehauen sind.

Alle diese Sünden und Unterlassungen wirken wie Viren auf einem PC. Sie machen unser Leben langsam, traurig und unschön. Die eine Sünde zieht die andere hinter sich her. Böse Gewohnheiten schleichen sich ein. Oft glauben wir, mit ein bisschen Goodwill könnten wir das schon selber reparieren. Aber da machen wir uns was vor! Nach dem x-ten Versuch, unser Lieblosigkeit abzuschaffen, resignieren wir und überspielen häufig unsere Bosheit nur noch. Und außerdem ist unsere Sünde ja nicht aus der Welt.

 → 224

Warum hat uns Christus das Bußsakrament und die Krankensalbung geschenkt?

 → 225

Welche Namen gibt es für das Bußsakrament?

→ 226

Wir haben doch die Taufe, die uns mit Gott versöhnt, wieso brauchen wir dann noch ein eigenes Sakrament der Versöhnung?

11.2 Wie Gott uns einen neuen Anfang schenkt

Jede Sünde, die wir begehen, richtet sich ja zuletzt gegen Gott selbst. Er hat uns so wunderbar erschaffen. Und was machen wir mit diesem Geschenk? Wir schauen zu, wie es langsam dreckig und hässlich wird. Das will Gott nicht. Er gibt uns eine einmalige Chance, unser Leben wieder so schön und kraftvoll zu machen, wie zu dem Zeitpunkt als wir von Gott als seine geliebten Kinder erschaffen wurden.

→ 228

Wer kann Sünden vergeben?

Die „Geschichte vom verlorenen Sohn" – besser würde man sie die „Geschichte vom barmherzigen Vater" nennen – ist eine der großartigsten Geschichten in der ganzen Bibel. Sie zeigt uns nämlich einen Gott, der so voller Liebe und Güte ist, dass man ihn auch durch den brutalsten Mist, den wir bauen, nicht von seiner Liebe zu uns abbringen kann.

→ Lk 15,11–32

Vielleicht sind deine Sünden nicht ganz so groß wie beim verlorenen Sohn. Aber auch du brauchst es, dass Gott dich in großer Liebe annimmt und alles auf Null stellt. „Wären eure Sünden auch rot wie Scharlach, sie sollen weiß werden wie Schnee". Folge also deiner Sehnsucht, dich von Gott wieder ganz vollkommen und schön machen zu lassen. Überwinde dich, geh zur Beichte, besonders jetzt, wo du gefirmt werden möchtest! Überleg mal: Auch die Priester gehen beichten. Selbst der Papst kniet sich regelmäßig in den Beichtstuhl, um einem armen, kleinen Priester seine Sünden und Unterlassungen zu sagen und sich mit Gott wieder versöhnen zu lassen. Stell dir mal den Mann vor, der sich die Sünden des Papstes anhören muss!

→ Jes 1,18

11.3 Was gehört zu einer Beichte?

Vielleicht hast du eine etwas schräge Vorstellung davon, wie so eine Beichte abläuft: Sich in einen Beichtstuhl (oder in ein Beichtzimmer) schleichen, Sünden abspulen, sich was anhören, abhauen. Nur Zahnarzt ist schlimmer. Aber schauen wir doch einmal nüchtern hin. Der YOUCAT sagt, was unbedingt zu einer richtigen Beichte dazugehört.

→ 232

Was muss ich in eine Beichte einbringen?

11.4 Was soll ich denn überhaupt beichten?

Um herauszufinden, wo mein Leben nicht mehr rund läuft und der Liebe Gottes nicht mehr entspricht, hilft ein sogenannter Beichtspiegel. Der älteste Beichtspiegel der Welt sind die „Zehn Gebote". Aber man findet noch viele andere, beispielsweise im Internet. Hier ist ein besonders kluger, speziell für Jugendliche geschriebener Beichtspiegel:

→ 349

Wie lauten die „Zehn Gebote"?

Nicht nur, wenn ich lieblos handle, ist dies Sünde, sondern auch wenn ich allein auf mich schaue und mich nicht zuerst von Gott lieben lasse. Wenn ich seine grenzenlose Liebe ausschlage, werde ich selber lieblos.

Dass ich die schönen Dinge des Lebens genieße, ist keine Sünde, aber wenn ich sie zu meinem Gott mache und sie um jeden Preis ergattern will.

→ 315

Was ist überhaupt eine Sünde?

Dass ich gut verdienen will, ist keine Sünde, sondern wenn Wohlstand zu meinem Ein und Alles wird. Und wenn ich fürchte, mein Leben zu verpassen, wenn ich teile und ein Herz für andere habe.

 → 294

Ist man ein Sünder, wenn man starke Leidenschaften in sich spürt?

Dass ich auf meinen Rechten bestehe, ist keine Sünde, aber wenn ich meine Rechte missbrauche, rücksichtslos und hartherzig werde oder die Rechte Anderer missachte.

 → 291

Wie kann ein Mensch unterscheiden, ob sein Tun gut oder schlecht ist?

Dass ich sexuelle Wünsche und Regungen verspüre, ist keine Sünde, aber wenn ich mich von meinen Trieben beherrschen lasse oder Andere zur Befriedigung meiner Begierde benutze.

Dass mir Menschen unsympathisch sind, ist keine Sünde, aber wenn ich mit ihnen umgehe, als seien sie nicht ebenso wie ich Gottes geliebte Kinder.

 → 396

Wie geht ein Christ mit Zorn um?

Dass ich andere Menschen kritisiere, ist nicht unbedingt Sünde, aber wenn ich es vorschnell oder lieblos tue und Andere dadurch herabsetze oder verletze.

 → 466

Was ist Neid, und wie kann man ihn in sich bekämpfen?

Dass Neid, Schadenfreude oder Zorn in mir hochkommen, ist noch keine Sünde, aber wenn ich diese Gefühle nicht zu überwinden suche und mich in meinem Handeln davon leiten lasse.

Dass ich über Andere rede, ist keine Sünde, aber wenn ich gedankenlos oder gehässig Schlechtes von Anderen erzähle.

 → 455

Was heißt wahrhaftig sein?

Dass ich in Konfliktsituationen schweige, ist keine Sünde, sondern wenn ich dort schweige, wo Andere erniedrigt, verleumdet oder Opfer von Lügen werden.

Dass ich in Auseinandersetzungen gerate, ist keine Sünde, aber wenn ich Streit vom Zaun breche, nicht auf Andere höre, nicht auf sie eingehe, unversöhnlich bin.

Dass mein Herz beim Beten oft leer bleibt, ist keine Sünde, aber wenn mir die Zeit für das Gebet zu schade ist oder ich mir gar nicht die Mühe mache, mich für Gott zu öffnen und seine Stimme zu hören.

→ 508

Was ist, wenn man beim Beten nichts fühlt oder sogar einen Widerwillen gegen das Gebet empfindet?

Dass ich in meinem Glauben manchmal unsicher bin, ist keine Sünde, aber wenn ich mich der Gemeinschaft der Glaubenden entziehe, wenn ich an ihrem Gottesdienst regelmäßig nicht teilnehme, wenn mir Irdisches wichtiger wird als Himmlisches.

Dass ich für mein Leben Pläne mache, ist keine Sünde, aber wenn dabei mein Glaube an Gott keine Rolle spielt, wenn mich nicht mehr interessiert, dass mein Leben an jedem Tag in seiner Hand liegt.

ES GEHT ANS EINGEMACHTE

12 Was passiert bei der Firmung?

Wenn du den Firmkurs bis zu dieser Stelle mitgemacht und dieses Buch durchgearbeitet hast, wirst du wissen, dass das Wichtigste an der Firmung nicht die kostbare Uhr oder der Laptop ist, den dir ein paar liebe Leute vielleicht schenken, sondern die Stunde der Firmung, in der etwas zwischen Himmel und Erde, dir und deinem Gott, geschieht.

 Der, der dich schuf, fordert dich ganz.
AUGUSTINUS

🔥 Du wirst **JA** sagen zum Geschenk Gottes, dem Heiligen Geist

🔥 Er wird in dein Leben kommen ...

🔥 und er wird dich nie mehr verlassen, auch nicht in der Stunde, in der du heimgehst zu ihm, der dich ohne Ende liebt.

Nach der Predigt des Bischofs sollst du vor ihm deinen Glauben bekennen. Ohne Glauben kann man kein Sakrament empfangen. Und wenn du den Heiligen Geist wirklich empfangen willst, musst du allem abschwören, was gegen Gott ist. Deshalb fragt der Bischof (oder sein Vertreter) die Firmlinge:

→ 203

Was ist die Firmung?

Der Bischof: **Widersagt ihr dem Satan und all seiner Verführung?**

Die Firmlinge (gemeinsam): **Ich widersage.**

Nach dem Negativen kommt das Positive:

Der Bischof: **Glaubt ihr an Gott, den Vater, den Allmächtigen, den Schöpfer des Himmels und der Erde?**

Die Firmlinge: **Ich glaube.**

Der Bischof: **Glaubt ihr an Jesus Christus, seinen eingeborenen Sohn, unsern Herrn, der geboren ist von der Jungfrau Maria, der gelitten hat, gestorben ist und begraben wurde, von den Toten auferstand und zur Rechten des Vaters sitzt?**

Die Firmlinge: **Ich glaube.**

Dann fragt euch der Bischof, ob ihr es auch mit der Kirche wirklich ernst meint:

Der Bischof: **Glaubt ihr an den Heiligen Geist, die heilige katholische Kirche, die Gemeinschaft der Heiligen, die Vergebung der Sünden, die Auferstehung der Toten und das ewige Leben?**

Die Firmlinge: **Ich glaube.**

Der Bischof bestätigt dann euer Bekenntnis:

Der Bischof: **Das ist unser Glaube, der Glaube der Kirche, zu dem wir uns in Jesus Christus bekennen.**

 → 118

 → Apg 2

Jetzt folgt die Einladung zum Gebet aller. Das ist ein bisschen wie damals an Pfingsten, als sich die junge Kirche um Maria versammelt hatte und leidenschaftlich um das Kommen des Heiligen Geistes gebetet hatte. Ihr wisst ja: Wenig später kamen die Feuerzungen! Der Bischof lädt also die Gemeinde zum Gebet ein, etwa mit folgenden Worten:

Der Bischof: **Lasset uns beten zu Gott, dem allmächtigen Vater, dass er den Heiligen Geist herabsende auf diese jungen Christen, die in der Taufe wiedergeboren sind zu ewigem Leben. Der Heilige Geist stärke sie durch die Fülle seiner Gaben und mache sie durch seine Salbung Christus, dem Sohn Gottes, ähnlich.**

Alle beten eine Zeitlang in Stille. Sie rufen von ganzem Herzen. Dazu knien sich die Leute am besten hin, denn im Knien kann man besonders intensiv beten.

Dann breitet der Bischof die Hände über die Firmlinge aus. Mit dieser Geste will der Bischof die tiefen Gebete aller zusammenfassen und ihnen Sprache geben. Er wählt dazu folgende Worte:

Der Bischof:	**Allmächtiger Gott, Vater unseres Herrn Jesus Christus, du hast diese jungen Christen in der Taufe von der Schuld Adams befreit, du hast ihnen aus dem Wasser und dem Heiligen Geist neues Leben geschenkt. Wir bitten dich, Herr, sende ihnen den Heiligen Geist, den Beistand. Gib ihnen den Geist der Weisheit und der Einsicht, des Rates, der Erkenntnis und der Stärke, den Geist der Frömmigkeit und der Gottesfurcht. Durch Christus, unsern Herrn.**

→ 310

Was sind die sieben Gaben des Heiligen Geistes?

Alle rufen:	**Amen.** (Das heißt: So sei es, so wollen wir das!)

Nun folgt die eigentliche Firmung. Ein Diakon oder ein anderer Helfer bringt dem Bischof das Chrisam.

Chrisam

ist eine heilige, wohlriechende Salbe; sie besteht aus Olivenöl, dem man den wunderbaren Duft von Balsam beigemischt hat. Im alten Israel salbte man Könige, Priester und Propheten mit Chrisam. Jesus selbst hat den Beinamen „Christus"; das ist Griechisch und bedeutet soviel wie „der Gesalbte". Das hebräische Wort für „der Gesalbte" ist übrigens „Messias". Weil sie zu Jesus Christus gehören, haben die Firmlinge teil an der Würde Christi, dem großen König, Priester und Propheten. Dass Chrisam so gut riecht, hat auch eine symbolische Bedeutung: Die Firmlinge sollen den „Wohlgeruch Christi", nämlich das Evangelium, verbreiten.

> 99 Ich bin berufen, etwas zu tun oder zu sein, wofür kein anderer berufen ist. Ich habe einen Platz in Gottes Plan auf Gottes Erde, den kein anderer hat. Gott kennt mich und ruft mich bei meinem Namen.
> JOHN HENRY NEWMAN

Das Patenamt

ist sehr alt; bereits in der Urkirche hat man es eingeführt. Es ist sehr wichtig, dass du dir zusammen mit den Eltern eine wirklich gute Firmpatin oder einen guten Firmpaten auswählst. Firmpate war immer ein katholischer Christ, der ein gutes Ansehen hatte und seinen Glauben vorbildlich lebte. Es sollte also nicht der spendable Onkel Karl sein, der mit dem Glauben nichts am Hut hat, aber gerne mal eine goldene Uhr springen lässt. Es muss nicht einmal ein Verwandter von dir sein. Denkbar wäre zum Beispiel ein älterer Jugendlicher, der sich in der katholischen Kirche engagiert und ein Vorbild für dich ist. Der Firmpate soll dich nämlich nicht nur am Firmtag begleiten. Der coole Ausflug und das dicke Geschenk sind für

Die Firmlinge kommen nun einzeln nach vorne zum Bischof. Sie werden von einer Firmpatin oder einem Firmpaten begleitet.

Die Patin/der Pate legt während der Firmspendung seine rechte Hand auf deine Schulter und nennt deinen Namen. Manchmal ist es auch der Firmling selbst, der aufgefordert wird, seinen Vornamen zu nennen.

Der Bischof taucht nun seinen rechten Daumen in das Gefäß mit Chrisam, legt seine Hand auf deinen Kopf und zeichnet mit dem Daumen ein Kreuz auf deine Stirn.

Der Bischof nennt deinen Namen und sagt:

N.N., sei besiegelt durch die Gabe Gottes, den Heiligen Geist.

die Firmung so wichtig wie Christbaumkugeln für Weihnachten – nämlich gar nicht. Schön sind sie trotzdem. Der Firmpate soll dich vor allem beim Hineinwachsen in das Leben und in den Glauben begleiten – also ein bisschen dein ganz persönlicher „Coach des Lieben Gottes" sein.

Um die Übernahme dieser Aufgabe vor der ganzen Gemeinde zu bekunden, steht die Firmpatin/der Firmpate im Augenblick der Firmspendung hinter dir und legt dir die Hand auf die Schulter. Formelle Voraussetzungen für das Firmpatenamt sind a) die Vollendung des 16. Lebensjahres, b) Taufe und Firmung, c) die Zugehörigkeit zur katholischen Kirche, d) ein Leben, das dem Glauben und der Aufgabe entspricht.

Deine Antwort ist:

Amen.

Das heißt so viel wie:

Ja, so sei es. Ich möchte das.
Ich stimme dem zu.

Der Bischof sagt dann:

Der Friede sei mit dir.

Damit bist du gefirmt.

Später folgen noch Fürbitten für die Neugefirmten, ihre Eltern, die Patinnen und Paten, die ganze Kirche und alle Menschen. Aber der eigentliche Punkt ist das Siegel des Heiligen Geistes auf deiner Stirn. Beim Weltjugendtag in Sydney hat Papst Benedikt Jugendlichen einmal erklärt, was das heißt, dass dieses Zeichen jetzt auf deiner Stirn ist:

Was bedeutet es, das „Siegel" des Heiligen Geistes zu empfangen? Es bedeutet, ein unauslöschliches Zeichen zu tragen, dauerhaft verwandelt und eine neue Schöpfung zu sein. Für alle, die diese Gabe empfangen haben, darf nichts beim Alten bleiben! Im Geist „getauft" zu werden bedeutet, von der Liebe Gottes entflammt zu werden. „Vom Geist getränkt" zu werden bedeutet, von der Schönheit des Planes des Herrn für uns und für die Welt erfrischt zu werden und dadurch selber eine Quelle geistlicher Erfrischung für andere zu werden. „Mit dem Geist besiegelt" zu werden bedeutet, bei unserem Einsatz für den Sieg der Zivilisation der Liebe keine Angst zu haben, für Christus einzustehen und unser Sehen, Denken und Handeln von der Wahrheit des Evangeliums durchdringen zu lassen.

→ vgl.
1 Kor 12,13

Mach das Beste draus! Gott ist mit dir.

Quellenverzeichnis

Der Beichtspiegel stammt aus dem Faltblatt *Sünde ist ... die Liebe leugnen,* Redaktion: Bernhard Riedl, Erzbistum Köln 2008.

YOUCAT Gebetsschule aus Georg von Lengerke / Dörte Schrömges (Hgg.) *YOUCAT Jugendgebetbuch,* München 2011.

10 Gründe, warum ich mich nicht wasche aus: Norbert Fink (Hg.), YOUCAT Jugendkalender 2013, Augsburg 2012.

Zitat im Abschnitt „Die Kirche ist kein Club der Vollkommenen" aus: Bernhard Meuser, *Christ sein für Einsteiger,* München 2007.

Bibliographische Information der Deutschen Bibliothek
Die Deutsche Bibliothek verzeichnet diese Publikation in der Deutschen Nationalbi-
bliographie; detaillierte bibliographische Daten sind im Internet über http://dnb.
ddb.de abrufbar.

Umschlaggestaltung, Layout, Illustrationen und Satz:
Alexander von Lengerke, Köln

Druck und Bindung: FINIDR, s.r.o. Tschechien
Printed in Czech Republic
Produktionskoordination: Druckmedien · Scantech GmbH, Speyer

Papier: FSC Mix credit-GFA-COC-001242
Gesetzt aus der Officina Sans ITC Pro und der Poster Bodoni

ISBN: 978-3-945148-01-3
www.youcat.org

Die gemeinnützige YOUCAT Foundation gGmbH fördert durch ausgeschüttete Gewin-
ne der Verlagsarbeit und eingegangene Spenden weltweit Projekte der Neuevange-
lisierung, in denen junge Menschen ermutigt werden, den christlichen Glauben als
Grundlage für ihr Leben zu entdecken.

Sie können die Arbeit der YOUCAT Foundation gGmbH mit einer Spende
unterstützen.
Deutsche Bank AG
BLZ: 720 700 24
Konto-Nr.: 031 888 100
IBAN: DE13 7207 0024 0031 8881 00
BIC: DEUTDEDB720

Photo-Contest!

Ich glaube!

YOUCAT - Video

YOUCAT Study Groups

Studiert den Katechismus!
Das ist mein Herzenswunsch.
Bildet Lerngruppen und Netzwerke,
tauscht Euch im Internet aus!

PAPST BENEDIKT XVI.
Vorwort zum Jugendkatechismus

www.youcat.org

KNOW. SHARE. MEET. EXPRESS.

Informationen und Impulse zum YOUCAT
Stetig aktuelle Glaubenszeugnisse junger Menschen
Studien- und Lerngruppen zu allen Fragen des Glaubens
Kreatives Portal für Film, Musik, Malerei, etc
und vieles mehr!

**Gott hat
ein menschliches Gesicht:
Jesus.**

PAPST BENEDIKT XVI.

Wie schön,
dass ich dir, Gott,
in die Augen sehen kann.

Voll unendlicher Liebe
schaust du mich an.

Und ich schaue dich an.

Lange, sehr lange -
bis sich unsere Blicke begegnen
und ich weiß: Du bist da.

Sieh in mein Herz!

Nimm alles fort,
was zwischen dir und mir steht.

Ich möchte dir mein Leben schenken.
Sag du mir, wie es geht.

Amen.